KB275029

스피치 라엘의
성장과 꿈을 만드는 공감의 언어

진짜 말 잘하고 싶었어

스피치 라엘의
성장과 꿈을 만드는 공감의 언어

진짜 말 잘하고 싶었어

최윤정(스피치 라엘) 지음

Booksgo

말을 못했던 진짜 이유

"누가 발표해 볼까?"

학창 시절, 이 한마디가 세상에서 가장 듣기 싫었습니다. 선생님께서 그렇게 물으실 때면 고개를 푹 숙였고, 심장이 쿵쾅거렸죠.

'제발 내 이름이 불리지 않기를…'

발표 시간만 되면 얼굴이 빨개지고, 머리는 하얘졌습니다. 그 순간 한없이 작아지는 제 자신이 너무 싫었습니다.

'왜 발표를 자꾸 시키는 거지? 발표가 없어졌으면 좋겠어.'

저는 발표를 피하고 또 피했습니다. 그런 제가 SBS 기상캐스터가 되었고, 19년째 스피치 강사로 살아가고 있습니다. 수많은 사람들 앞에서 말하고, 그들에게 말을 가르치고 있죠. 정말 상상도 못했던 일입니다. 어떻게 이런 길을 걷게 됐을까요? 이유는 단순했습니다.

'말을 잘하고 싶다.'

그 간절한 결핍이 성장의 원동력이 되었습니다. 두려움과 호기심 속에 배우고, 넘어지고, 다치기도 했습니다. 하지만 다시 일어섰습니다. 그 여정 속에서 결국 제 인생의 목적지를 찾게 되었죠.

‘말로 인생의 꽃을 피우는 사람으로 살자.’

그리고 말을 못했던 진짜 이유도 깨닫게 되었습니다.

‘나는 내 생각과 감정을 무시하고, 타인이 만들어 놓은 기준에 맞춰 살아왔구나! 내가 나를 모르니 불안했고, 그 불안 때문에 마음과 입술의 문이 닫혔구나!’

말을 어려워하는 사람들의 공통점은 상처였습니다. 실패의 기억, 부끄러움의 기억, 비난 받은 기억, 인정받지 못한 기억. 그 기억은 마음의 문을 닫게 만듭니다. 그래서 아무리 멋진 말을 준비해도 그 말이 자연스럽게 흘러나오지 않습니다.

진짜 스피치는 마음의 회복에서 시작됩니다. 상처가 치유될 때 말은 비로소 따뜻해지고, 그 따뜻한 말이 사람의 마음을 움직입니다. 많은 사람들이 제게 묻습니다.

“어떻게 하면 단번에 설득할 수 있나요?”

“말싸움에서 이길 수 있는 비결이 있나요?”

“논리적으로 말 잘하는 법을 알려 주세요.”

그럴 때 저는 되묻습니다.

“말 잘하고 싶은 이유가 그게 전부일까요?”

“말 잘한다는 건 어떤 것이라 생각하나요?”

단기간의 목표를 위해 기술만 익히려는 것은 기초공사 없이 건물 형태만 세우는 것과 같습니다. 기초가 약하면 건물이 오래가지 못하듯, 말의 본질을 모르면 사람의 마음을 움직일 수 없습니다. 그래서 저는 이 책에 기술보다 말의 본질을 담고 싶었습니다. AI가 지식을 빠르게 가르쳐 주는 시대에, 저는 AI가 대신할 수 없는 실패와 성장의 지혜를 전하고 싶었습니다. 도전하고, 실패하고, 다시 일어서며 그 과정 속에서 깨달은 진짜 말하기의 비밀을 이 책에 담았습니다.

이 책을 쓰며 수많은 감성이 밀려왔습니다. 상처, 후회, 속상함, 괴로움 그리고 감동까지. 어릴 때 묻어 놓았던 상처들이 다시 떠올라 많이 울기도 했지만, 그 상처들을 스스로 치유하며 회복하는 시간이기도 했습니다. 가면을 벗은 진짜 나를 비로소 따뜻하게 안아 주었습니다. 그래서 저는 이 책을 슬로 푸드처럼 한 장 한 장 마음으로 음미하며 읽어 주셨으면 좋겠습니다. 그러면 어느 순간 여러분의 마음속에서도 변화가 시작될 것입니다. 여러분께 더 많은 도움을 드리기 위해 각 챕터마다 19년간 쌓아 온 인사이트를 바탕으로 만든 '스피치 비밀 노트', 마음의 온도를 높이는 '따뜻한 말 한마디', 실천과 변화를 위한 '오늘의 미션'을 담았습니다.

변화하고 싶은 간절한 마음과 수많은 가능성을 지닌 여러분! 이 책을 통해 세상과 사람을 바라보는 시선이 한결 따뜻해지고, 말을 연습하며 성장하는 사람이 될 것이라 믿습니다.

이 책이 마음속 먹구름을 걷어 내는 햇살이 되길, 그 햇살이 모여 인생에도 아름다운 말의 꽃이 피어나길 그리고 그 꽃의 향기가 세상에 선한 영향력으로 전해지길 간절히 바랍니다.

2025년 12월
스피치로 인생의 꽃을 피우는 사람
스피치 라엘 최윤정

말은 기회의 문을 열어 주었습니다

PART **4**

말은 결국
인생을 이끄는 길이 되었습니다

PART 1

말이 막히는 것은
마음이 막혀 있었기
때문입니다

01

마음을 표현하지 못해
남은 상처

일곱 살 때 미아가 될 뻔했습니다. 엄마는 버스를 타고 자주 온천을 다니셨어요. 그날도 저와 두 살 아래 남동생을 데리고 버스에 올랐는데, 졸고 있던 제가 내린 줄 알고 엄마는 동생과 함께 먼저 내리셨죠. 버스는 출발했고, 잠에서 깨어 보니 엄마가 없었어요. 엄마의 빈자리를 알고 놀란 일곱 살의 저는 펑펑 울기 시작했습니다. 그때 옆자리에 있던 아주머니 두 분이 다가와 달래 주셨습니다.

"괜찮아! 엄마가 곧 버스 정류장으로 널 찾으러 올 거야."

그분들은 저를 데리고 버스에서 내려 정류장에서 한참을 함께 기다려주셨습니다. 얼마나 시간이 지났을까요? 엄마가 붉게 상기된 얼굴로 동생을 업고 버스 정류장 쪽으로 찾아오셨습니다. 그 순간 얼마나 기뻤는지 몰라요. 두려움이 한순간에 한여름 아이스크림처럼 녹아내리면서 안도감을 느꼈죠. 이 순간 여러분이었다면 어떻게 하셨을까요? 아마 "엄마!" 하고 크게 부르며 달려가 안겼겠죠? 그런데 저는 그렇게 하지 못했습니다.

"저 사람이 우리 엄마예요."

라고 작게 말하며 조용히 엄마를 손가락으로 가리켰죠. 엄마는 그 이야기를 오랫동안 하셨어요.

"그때 '엄마~' 하면서 달려와 안겼으면 얼마나 좋았을까? 넌 참 말주변이 없었어."

그 말에는 서운함이 담겨 있었을 거예요. 하지만 어린 저도 마음은 같았습니다. 다시 만난 게 너무 기뻤지만, 그 마음을 표현하는 법을 몰랐던 것이죠. 이제 와 생각해 보면, 저도 엄마도 감정을 제대로 표현하지 못했기에 마음이 서로에게 닿지 못했습니다. 감정이 막히면 오해가 자라고, 오해가 쌓이면 사랑도 멀어집니다. 지금처럼 감정을 표현하는 법을 알았다면 그때 저는 이렇게 말했을 거예요.

"엄마, 나 너무 무서웠어. 엄마가 없어서 세상이 텅 빈 것 같았어. 다시 만나서 정말 다행이야. 엄마, 사랑해."

그리고 엄마도 이렇게 말해 주셨을 거예요.

"윤정아, 미안해. 자고 있던 널 제대로 챙기지 못해서 엄마도 얼마나 놀랐는지 몰라. 다시 만나서 정말 기쁘고 감사해. 사랑해, 우리 딸."

왜 저는 그토록 기쁜 순간에도 입을 열어 마음을 표현하지 못했을까요? 어려서였을까요? 돌이켜 보면 그 뿌리는 훨씬 더 깊은 곳에 있었습니다. 저는 어릴 때 자주 이런 말을 들으며 자랐습니다.

"넌 왜 표현을 못하니?"

"넌 말이 느려."

"넌 왜 그렇게 대답이 없어?"

어린 마음은 그 말들을 사실로 받아들이게 됩니다. 그리고 어느 순간 스스로 결론을 내리죠.

"나는 원래 말을 잘 못하는 사람이야."

"나는 말하면 실수하는 사람이야."

"나는 표현이 서툰 사람이야."

이 신념은 마음 깊은 곳에 뿌리 내리고 성인이 되어서도 말을 어렵게 만듭니다. 말하고 싶은데 입 밖으로 잘 나오지 않고, 목소리가 작아지고, 자신감이 사라지고, 말이 끊기고, 망설임이 자라죠. 저는 깨달았습니다.

'말을 잘 못하는 이유는 능력이 부족해서가 아니라 어린 시절 들었던 말과 경험이 말에 대한 두려움을 만들었기 때문이구나!'

무엇보다 중요한 사실은 그 잘못된 신념들은 지금 이 순간 스스로 지우고 다시 쓸 수 있다는 것입니다. 말 잘하는 능력은 타고나는 재능이 아니라 배우고 치유되며 확장되는 것입니다.

우리는 언제든 다시 시작할 수 있습니다. 오늘부터, 지금부터. 입을 열어 한 문장만 바꿔도 오래된 두려움은 조금씩 흔들리기 시작합니다. 그 작은 한 걸음이 말의 자신감을 다시 세우는 첫 출발이 됩니다.

말은 언제든 다시 배울 수 있어요. 용기 내어 마음을 한 조각씩 꺼내기 시작하면, 오래된 두려움도 서서히 여러분을 놓아줄 거예요.

말과 감정의 비밀

1 감정 표현은 타고나는 것이 아니라 배우는 것입니다

우리는 태어날 때부터 감정을 잘 표현하는 존재가 아닙니다. 가정과 학교, 사회 속에서 경험하며 익히는 과정이 필요합니다. 배우지 못하면 마음은 있어도 표현되지 않고, 결국 서로의 마음이 엇갈리게 되죠. 감정 표현은 타고난 재능이 아니라 마음을 배우는 연습입니다.

2 어린 시절에 들은 말이 평생의 말 습관을 만듭니다

어릴 적 반복해서 들은 말들은 무의식 속 기준이 되어 자신을 대하는 말투, 타인을 대하는 태도를 결정짓습니다. 따뜻한 말은 평생의 자존감을 키우지만, 차가운 말은 평생의 벽을 만듭니다.

표현하시 못한 감징은 결국 관계 속에 그림자가 됩니다. 기뻐도 말하지 못하고, 서운해도 감췄던 순간들이 쌓여 결국 오해로 변합니다. 감정은 표현될 때 비로소 이해로 변하고, 말은 상처를 치유하는 다리가 될 수 있습니다.

감정 일기
3문장 스피치

오늘 하루 있었던 일 중 가장 기억에 남는 순간을 떠올려 세 문장으로 말해 보세요.

1. 그때의 상황은?

2. 내가 느낀 감정은?

3. 왜 그 감정을 느꼈을까?

Ex. 오늘 아빠와 통화하면서 "어디예요? 뭐 하세요? 밥은 먹었어요?"라는 똑같은 말만 반복했다. 전화를 끊고 나니 그 순간이 아쉽고 마음이 허전했다. 아빠의 몸 상태가 예전 같지 않다는 것을 알기에, 더 따뜻한 말로 오래 기억될 대화를 나누고 싶다는 마음이 들었다.

02

왜 남의 떡이
더 커 보였던 걸까

저는 어릴 때 피아노 학원 다니는 것을 좋아했어요. 초등학교 1학년 때 친한 동네 친구가 피아노 학원에 다닌다고 자랑을 하더라고요. 그 말을 듣는 순간 너무 부러워 바로 엄마에게 말했죠.

"엄마~ 나도 피아노 배우고 싶단 말이야!"

그렇게 엄마에게 졸라 피아노를 배우기 시작했고, 3년째가 되던 해에는 피아니스트라는 꿈을 키울 정도로 피아노 치는 것을 정말 사랑했습니다. 그 당시 저는 말수가 적고 감정을 잘 표현하지 못하는 아이였는데요. 피아노를 통해 기쁨, 슬픔, 분노 등 말로 표현할 수 없는 모든 마음을 표현할 수 있어 좋았습니다.

어느 날 선생님께서 이런 제안을 하셨습니다.

“윤정아, 대회에 나가 보는 건 어때?”

그 한마디에 제 가슴은 두근거렸습니다. 그런데 문제가 있었어요. 연습하려면 피아노가 필요했는데, 저희 집에는 피아노가 없었거든요.

“엄마~ 나 대회 나가야 하는데 피아노가 필요해. 나만 피아노가 없단 말이야. 내 친구도 피아노 대회 나간다는데 꼭 사 줘!”

엄마한테 다시 떼를 썼지만, 저희 집 형편이 넉넉하지 않은 상황이었습니다. 부모님은 맞벌이를 하셔야 겨우 생계를 유지할 수 있었는데, 그 시절에도 피아노 한 대가 100만 원이 넘었거든요.

실망하고 있던 어느 날, 기적처럼 피아노가 집에 들어왔습니다. 그때는 몰랐지만, 성인이 되고 나서 알게 되었죠. 엄마가 피아노를 사 주기 위해 결혼반지를 파셨다는 것을요. 그 사실을 들었을 때, 마음이 아파 펑펑 울었습니다.

‘나는 그것도 모르고 사 달라고 떼쓰기만 했네. 엄마의 마음이 얼마나 아팠을까?’

후회와 죄송한 마음이 밀려왔습니다.

저는 어릴 적부터 스스로 원하는 것보다 상대방이 가진 것을 보고 욕심을 냈습니다. 옆 친구가 좋은 연필이나 노트를 가지면 부러워했고, 그것을 꼭 따라 사야만 마음이 편했습니다. 그때는 내면이 불안할수록 타인의 선택이 내 선택이 되어 버리고, 내 안의 기준이 없으면 남이 만들어 놓은 길을 그대로 따라 걷게 된다는 것을 몰랐습니다. 그래서 삶의 갈림길에서 선택은 늘 어려웠고, 결정은 두려웠습니다. 불안한 마음이 커서 타인의 답을 계속 찾았죠. 마치 남의 답안지를 훔쳐보는 학생처럼 누군가의 인생을 기준 삼아 살고 있었습니다.

그러니 나답게 살 수 없었습니다. 타인의 기준에 맞춰 사는 삶은 늘 불안했고, 결국 나 자신을 잃게 만들었습니다. 그리고 그런 비교의 습관은 결국 제 말까지도 막아 버렸습니다 물건을 부러워하는 것을 넘어 '내가 뭘 좋아하는지, 무엇을 원하는지' 스스로 느낄 힘을 약하게 만들었습니다.

이 패턴은 말에도 그대로 이어졌습니다. 말은 결국 내 의견을 드러내는 일인데, 비교가 익숙한 사람은 자기 기준이 약해 내 의견이 맞는지 늘 불안해합니다. 확신이 없으니 말이 흔들리고, 말이 흔들리니 더 말하기가 어려워지죠. 비교는 이렇게 조용히 우리의 입을 막습니다.

'내가 틀리면 어쩌지?'

'저 사람보다 못난 것 같아.'

이 생각들이 마음에 자리할 때 목소리는 점점 작아지고, 표현은 멈춰 버립니다. 하지만 비교를 멈추는 순간 비로소 내 목소리가 들리기 시작하고 표현할 수 있게 되죠. 말을 잘한다는 것은 결국 내 안의 기준을 회복해 내 자신의 생각과 의견을 자신 있게 표현하는 일입니다. 오늘부터 비교 대신 내 마음을 들여다본다면 여러분의 말은 다시 빛나기 시작할 거예요.

비교를 내려놓는 순간 비로소 여러분의 진짜 목소리가 다시 피어나기 시작할 거예요!

비교가 만드는 말

1 비교는 시선을 바깥으로 돌리게 만듭니다

비교의 시작은 나보다 더 잘하는 사람을 바라보는 눈에서 시작됩니다. 하지만 그 시선이 오래 머물수록 내 안의 빛은 점점 흐려지게 되죠. 타인을 부러워할수록 자신의 가능성을 잃게 될 수도 있습니다.

2 기준을 잃으면 방향도 잃습니다

비교의 본질은 기준의 부재입니다. 내가 진짜 원하는 게 무엇인지 모르고 나만의 기준이 없으면 결국 타인의 선택이 내 인생의 기준이 됩니다. 기준이 없을 때 삶의 방향이 흔들리게 되고 주도권은 조금씩 타인에게 넘어갑니다.

3 비교는 성장을 멈추게 하지만, 성찰은 나를 키웁니다

비교는 자책을 낳고, 자책은 도전을 막습니다. 하지만 성찰은 성장할 기회를 줍니다. 비교 대신 성찰을 선택할 때 비로소 우리는 어제보다 단단한 오늘의 내가 될 수 있습니다.

어제보다 성장한 나
30초 스피치

어제의 나와 오늘의 나를 비교하지 말고, 어제보다 성장한 한 가지를 찾아 다짐의 말로 표현해 보세요.

Ex. 어제는 내면의 소리를 경청하지 않았지만, 오늘은 내면의 소리를 들었다. 가을 햇살 아래 10분 동안 잠시 산책하며 나에게 예쁜 말을 선물했고, 맛있는 도시락을 선물해 주었다. 앞으로는 나에게 더 따뜻한 시선을 갖고 나를 더 챙겨야겠다.

03

차곡차곡
저축했던 감정

저는 어릴 때 잔병이 많았어요. 특히 복통은 늘 찾아오는 단골 손님 같았습니다. 초등학교 2학년 때, 담임 선생님께서 아이들에게 물으셨죠.

"몸이 아픈 친구~ 손 들어 볼까?"

저는 1초의 망설임 없이 손을 번쩍 들었습니다. 선생님의 시선이 제게 향했고, 어떤 증상인지 물으셨죠.

"저는 심심할 때 배가 아파요."

"침 삼킬 때 배가 아프다고?"

"아니오! 심심할 때요!"

친구들은 킥킥 웃었고, 선생님은 잠시 말을 잃은 듯했죠. 어릴 적 저는 정말 자주 배가 아팠어요. 그때마다 엄마는 제 배를 쓰다듬으며 노래하셨죠.

"엄마 손은 약손~ 윤정이 배는 똥배~"

그 따뜻한 손길이 가장 빠른 치료제였습니다.

어느 날 엄마가 말씀하셨어요.

"너는 심심하면 배가 아프다고 하더라."

그 말을 그대로 믿은 저는 선생님께도 똑같이 말한 거예요.

어쩌면 그때의 저는 몸이 아팠던 게 아니라 마음이 아팠던 것 같아요. 두 살 아래 남동생이 태어난 후 부모님의 관심이 온통 동생에게 향했고, 그 빈자리가 서운했죠. 그 감정을 말로 꺼내지 못하고 대신 '배가 아파요!'라는 말로 대신했습니다. 배가 아프다고 하면, 엄마는 모든 것을 멈추고 제게 달려왔으니까요. 그때 사랑받고 싶다는 말을 몰라서 아픔이라는 언어로 감정을 표현했던 것입니다. 하지만 시간이 지나며 그 말은 점점 힘을 잃었습니다.

"또 배 아프니? 조금만 참아 봐."

어느 순간부터 엄마는 이렇게 말씀하셨고, 그 말에 더 이상 배가 아프다고 말하지 않았습니다. 그때부터 저는 감정을 마음 속에 저축하기 시작했어요. 섭섭함, 외로움, 허전함, 속상함, 서운함 등을 꾹꾹 눌러 담았습니다. 그렇게 쌓아 둔 마음의 잔액이 점점 늘어날수록 몸이 먼저 신호를 보냈습니다.

이제야 깨닫습니다.

'감정은 저축하는 게 아니라 흘려보내야 하는 것이었는데… 감정을 쌓아 두면 이자가 붙는 게 아니라 오해가 불어나는데…'

그때로 돌아간다면 저는 이렇게 말하고 싶어요.

"엄마, 엄마가 동생만 예뻐하니까 질투나. 나도 엄마 사랑받고 싶어. 나를 조금만 더 봐 줘."

그 말을 했더라면, 마음이 조금 덜 아팠을지도 모릅니다.

이렇게 그 감정을 말하지 못했던 시간들이 결국 제 말까지도 멈추게 만들었습니다. 어린 시절 저는 감정을 말로 표현하는 대신 몸으로 표현하는 아이였습니다. 슬프면 배가 아프고, 외로우면 속이 쓰리고, 서운하면 머리가 아팠습니다. 감정을 꺼내는 법을 몰랐기에 제 몸이 대신 신호를 보낸 것이죠. 그리고 그 습관은 그대로 자라 성인이 된 뒤에도 말에 영향을 미쳤습니다.

감정은 흐르는 물처럼 흘려보내야 하는데 쌓아 두면 얼음처럼 굳어 버리죠. 마음이 굳으면 말도 굳습니다.

'이 말을 해도 될까?'

이런 생각들로 말 못하는 감정이 층층이 쌓일수록 입은 쉽게 열리지 않습니다. 감정을 오래 저축할수록 말은 더욱 조심스러워지고 결국 자신의 마음을 표현하지 못하게 됩니다. 감정을 꺼낼 때 말도 자연스러워지고, 마음도 가벼워지게 되죠. 오늘 단 한 가지 감정이라도 밖으로 꺼내 보세요. 그 한 조각이 굳어 있던 말의 흐름을 다시 녹이기 시작할 거예요.

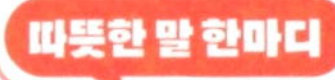

감정을 꺼내 놓는 그 작은 용기 하나가 굳어 있던 여러분의 마음과 말까지도 다시 숨 쉬게 해 줄 거예요.

관계를 바꾸는 감정 법칙

1 말 잘하기의 출발점은 감정을 인식하는 데 있습니다

무엇을 말할지보다 '지금 내가 어떤 감정을 느끼는가'를 아는 것이 먼저입니다. 감정을 알아차리는 순간 목소리에는 진심이 실리고 단어에는 온기가 깃듭니다. 감정을 이해한 말은 기술이 아니라 마음으로 전해지기에 사람의 마음을 움직일 수 있는 힘이 있습니다.

2 감정을 저축하면 언젠가 오해라는 이자가 붙습니다

말하지 못한 감정은 사라지지 않고, 다른 형태로 되돌아옵니다. 몸의 통증으로, 관계의 거리감으로 혹은 이유 모를 피로로 나타나죠. 감정은 묻어 두는 게 아니라 표현해야 풀립니다. 표현되지 못한 감정은 결국 스스로를 아프게 만듭니다.

3 감정 통장을 비워야 채워집니다

감정을 털어 낼수록 마음의 공간이 생기고, 그 자리에 공감이 들어옵니다. 감정을 나눌 때 사람은 가까워지고, 솔직함 속에서 소통이 자랍니다. 비워 내는 용기가 곧 말의 힘입니다. 진짜 말 잘하기는 마음을 흘려보낼 때 시작됩니다.

감정 비움과 채움
선언하기

오늘 하루를 마무리하며 흘려보내고 싶은 감정 한 가지와 새로 채우고 싶은 마음 한 가지를 말로 선언해 보세요.

Ex. 오늘은 불안함을 흘려보내고 싶어요. 그리고 그 자리에 '괜찮아질 거야' 라는 따뜻한 마음을 채우려 합니다.

04
너는 토끼
나는 거북이

　어릴 적 저는 친구들과의 관계가 어려웠습니다. 많은 친구들과 어울리는 것보다 한두 명의 친구들과 친하게 지내는 것을 좋아했어요. 하지만 제가 먼저 다가가지 못했고, 누군가 먼저 손 내밀어 주길 기다렸죠. 인연은 씨앗 같습니다. 먼저 뿌리고, 물을 주고, 정성껏 가꿔야 꽃이 피는데, 그때 저는 하늘에서 비가 내려 주기만 바라며 그저 기다렸던 거죠. 그 기다림 속에서 얼마나 많은 만남의 기회를 놓쳤을까요? 지금에 와서 생각해 보면 그게 많이 후회됩니다.

　중학교 2학년 때 같은 아파트에 살던 한 친구가 먼저 말을 걸어왔어요.

　"야, 저기 지나가는 애 봤어? 완전 잘생겼지?"

그 친구는 끊임없이 이야기했지만 저는 그저 고개를 끄덕이는 게 전부였어요. 말수가 적은 제게 그 친구는 마치 다른 행성에서 온 사람처럼 느껴졌죠.

"야, 저기 봐!"

친구가 손가락으로 가리켰지만 시력이 나빴던 저는 보이지 않았어요.

"어디? 안 보이는데…"

"아니, 그걸 왜 못 봐? 너 왜 이렇게 느려! 답답해 죽겠어."

그 한마디가 가슴에 콕 박혔어요. 화도 났지만, 저는 침묵했습니다. 작은 돌멩이 같은 말들이 차곡차곡 쌓여 마음이 점점 무거워졌습니다.

그 친구는 눈치가 빠르고, 관찰력이 좋은 아이였어요. 그런데 저는 그만큼 재빠르지 못했죠.

'왜 난 저 친구처럼 못할까?'

그 비교 속에서 스스로 자책하며 또다시 제 마음에 상처를 줬어요. "너 아직 숙제 안 했어? 왜 이렇게 느려?", "먼저 나가 있을게. 넌 준비하는데 오래 걸리잖아" 등 매일같이 들려오는 친구의 말을 들을 때마다 마음속엔 스트레스가 잔뜩 쌓여 숨이 막혔어요. 공부도 손에 잡히지 않았습니다.

그러다 어느 날, 드디어 용기를 냈어요.

"네가 그렇게 느리고 답답하다고 말할 때 정말 속상했어. 그런 말 이제 안 했으면 좋겠어."

그 말을 꺼낸 순간 체했던 마음이 확 내려가며 속이 뻥 뚫리는 느낌이었어요.

'말을 해야 서로 알 수 있구나. 감정은 억누르는 게 아니라 말로 흘려보내야 하는구나.'

그 후 친구와의 관계는 조금씩 달라졌습니다. 예전엔 생각 없이 내뱉던 말들이 이제는 한 박자 쉬어 나온다는 것을 느꼈어요. 물론 여전히 날카로운 말들이 섞여 있었지만, 더 이상 저는 상처받지 않았습니다. 왜냐하면 이젠 말로 나를 지킬 수 있게 됐으니까요.

가끔 생각해요. 그때 제가 이렇게 말했더라면 어땠을까요?

"우리는 서로 달라. 너는 토끼고 나는 거북이야. 토끼가 거북이에게 '나처럼 뛰어와'라고 하면 거북이는 어떻게 달릴 수 있겠어? 나는 느리지만, 나만의 속도로 걷고 있어. 그러니 나를 있는 그대로 봐 줬으면 좋겠어."

우리는 모두 다른 속도로 살아갑니다. 누군가는 빠르게! 누군가는 천천히! 그 다름을 인정할 때, 비로소 진짜 소통이 시작됩니다. 감정을 말로 전하지 않으면 상대는 모릅니다. 말하지 않으면 서로 점점 멀어집니다. 다름을 인정하는 말! 그 한마디가 관계를 지키는 첫걸음입니다.

저는 어린 시절 기분이 상해도 쉽게 말하지 못하는 아이였습니다. 상대가 상처받을까 봐, 관계가 어색해질까 봐 혹은 '예민하다'는 말을 들을까 봐 마음을 꾹꾹 눌러 담았죠. 그런데 말하지 않으면 오해는 쌓이고, 쌓인 마음은 결국 다시 말을 더 못하게 만들었습니다.

감정을 표현하지 못하면 관계가 멀어지고, 관계가 불편해지면 말은 더 위축됩니다. 감정을 억압해 관계가 불편해지고, 말하기를 회피하게 되면서 더 깊이 침묵하게 되는 악순환이 만들어집니다. 사람이 말을 못하게 되는 것은 능력이 부족해서가 아니라 말하지 못한 감정이 마음속에 켜켜이 쌓였기 때문일 때가 많습니다.

감정을 말로 꺼내는 순간 관계는 조금씩 회복되고, 마음은 가벼워지고, 말은 다시 흐르기 시작합니다. 말 잘하는 능력은 '이 감정은 말해도 괜찮아'라고 스스로에게 허락하는 용기에서 시작됩니다.

숨겨 두었던 마음을 살며시 건네기만 해도 멀어졌던 관계와 말의 흐름이 다시 피어날 거예요.

진짜 연결의 시작점

① 다름을 인정하지 못하면 소통은 멀어집니다

사람은 저마다 다른 속도와 리듬을 가지고 살아갑니다. 누군가는 빠르게, 누군가는 천천히 걷습니다. 그러나 우리는 종종 비교라는 잣대로 자신과 타인을 평가하죠. 비교는 침묵을 낳고, 인정은 자신감을 키웁니다. 나의 속도를 존중하고, 타인의 속도를 이해할 때 비로소 소통이 시작됩니다.

② 말하지 않으면 마음은 닿지 않습니다

가까운 사이라도 말하지 않으면 알 수 없습니다. 마음속 생각은 표현될 때 비로소 의미를 가집니다. 솔직한 한마디는 오해를 풀고, 침묵보다 훨씬 멀리 닿습니다. 감정은 숨길수록 멀어지고, 말할수록 연결됩니다.

감정은 억누르거나 터뜨리는 것이 아니라 이해하고 흘려보내는 것입니다. 감정을 참으면 병이 되고, 폭발하면 후회가 남습니다. '나는 지금 서운해', '그 말은 불편했어'라고 말하면 마음이 자유로워집니다. 감정을 용기 내어 표현해 보는 연습이 관계를 변화시킵니다.

감정 리셋 스피치

최근 마음이 복잡했던 일을 떠올리고, 그 감정을 다시 정의하는 한 문장을 만들어 보세요. 감정을 재해석해 자신을 다독이는 말을 전해 주세요.

Ex. 그 일은 실패가 아니라 제가 단단해지는 과정이었어요. 고통 속에서 삶의 의미를 찾게 된다는 것을 배웠습니다. 그런 나를 책망하지 않고 이렇게 말해 주고 싶어요.
"애썼어! 고생 많았어!"

05

왜 내 마음을
몰라주지

"애들아, 조용히 해!"

목소리를 높였지만 돌아온 답은 차가웠습니다.

"너나 조용히 해!"

중학교 2학년 때 저는 반장이었습니다. 평소 말을 많이 하는 편도 아니고, 리더십이 특별히 뛰어나다고 생각하지 않았는데 '왜 반장으로 뽑아 줬을까?' 궁금했죠. 친구들에게 물었습니다.

"너희는 왜 나를 반장으로 뽑았어?"

"네가 우리 말 잘 들을 것 같아서. 착하고, 시키는 일 잘할 것 같았거든."

그 대답은 제 귀에 이렇게 들렸습니다.

"네가 만만해 보여서."

'나는 친구들에게 이용당하는 사람인가?'

친구들의 말은 상처가 되었습니다. 반장을 맡아 친구들 앞에 나설 일이 많았는데요. 특히 학급 회의를 진행할 때 의견을 모아 결론을 낼 때마다 친구들은 제 말을 진지하게 들어주지 않았어요. 저는 속상했지만, 친구들은 차가운 말을 화살처럼 쏘았습니다.

"반장, 빨리 좀 해. 오늘 안에 끝나기나 해?"

친구들이 저를 무시하는 것 같아 많이 힘들었습니다.

자습 시간에 교실은 늘 소란스러웠고, 공부하려는 친구들이 말했죠.

"반장, 애들 좀 조용히 시켜. 반장이 뭐 하는 거야? 시끄럽잖아."

억울하고 화가 났습니다. 그래서 평소와 다른 큰 소리로 외쳤죠.

"조용히 해!"

하지만 다시 날카로운 말이 돌아왔습니다.

"너나 조용히 해!"

눈물이 왈칵 쏟아질 것 같았지만 참았습니다. 힘없는 반장이라는 소리를 들을까 봐 두려웠거든요. 수업이 끝나면 몰래 울었습니다. 저는 따뜻한 위로를 원했지만, 그때도 뒷말로 상처 주는 친구들이 있었습니다.

"동정심 얻으려는 거 아냐? 유난스러워."

그 말을 듣고 저는 제 자신을 자책하고 비난했습니다.

'왜 반장을 한다고 했을까. 무능력한 반장…'

날카로운 말들에 마음이 여러 번 베여 상처는 깊어졌습니다. 하지만 그 힘든 마음을 누구에게도 말하지 못했습니다. 힘든 이야기를 꺼내는 것이 친구들에게 민폐라고 여겼고, 모든 역경을 혼자 버티고 이겨 내려고 애썼습니다. 중고등학교 시절 공부보다 교우 관계 때문에 많이 힘들었습니다. 다툼이 생기면 대화로 풀기보다 투명 인간처럼 침묵했고, 친했던 친구들과도 점점 멀어졌습니다. 외딴섬에 고립된 듯한 시간들이었어요.

학기 말, 담임 선생님과 상담할 기회가 있었습니다. 그동안 참아 온 이야기를 모두 꺼냈고, 오랫동안 들어주시던 선생님께서 말씀하셨죠.

"윤정아~ 반장이 되는 건 인기 투표가 아니야. 책임감을 갖고 변화를 만들어 가는 일이야. 지금의 어려움, 분명 힘들겠지만 윤정이는 현명하게 잘 헤쳐 나갈 거야. 그 과정이 크게 성장으로 돌아올 거야."

그 말은 제게 큰 위로가 되었습니다. 그리고 선생님께서는 실질적인 조언도 해 주셨습니다.

"친구들에게 지시하려 하지 말고, 먼저 마음을 이해해 봐. 모두 각자 어려움이 있거든."

선생님의 이야기에 깨달음을 얻고 소통의 방식을 바꿨습니다. 먼저 친구들에게 다가가서 이야기를 듣고, 감정을 인정해 주었습니다.

한 명, 한 명의 생각을 물었죠. 놀랍게도 친구들이 "들어줘서 고마워"라고 말했습니다. 그런 저의 노력이 통한 걸까요? 조금씩 반 분위기가 달라졌습니다. 제가 말하면 친구들이 귀를 기울여 주었고, 학급 활동에도 참여가 늘었습니다.

'리더십은 지시가 아니라 경청과 공감에서 시작되는구나!'

사실 제 마음을 알아주는 사람이 없어 외로웠고, 친구들의 공감만을 기대했습니다. 그런데 그때 제가 먼저 제 마음을 공감하지 못했다는 것을 뒤늦게 깨달았어요. '힘들어'라는 나의 감정에만 빠져 있다 보니 친구들의 마음을 헤아릴 여유가 없었던 것입니다. 말은 마음의 다리가 되기도, 날카로운 벽이 되기도 합니다. 어떤 말을 선택하느냐에 따라 결과는 완전히 달라지죠. 다시 그때로 돌아간다면, 친구들에게 이렇게 말하고 싶어요.

"얘들아, 많이 힘들지? 우리 반에 이런 문제가 있어서 혼자 해결하긴 어려워. 어떻게 하면 좋을지 함께 의논해 보자. 우리가 머리를 맞대면 더 좋은 답을 찾을 수 있어. 너희들의 도움이 필요해."

그 시절 저는 상처받은 감정이 너무 커서, 그 감정 속에 갇혀 있었습니다. 사람은 자신이 힘들면 마음의 시야가 좁아지고, 그 순간 말의 통로도 함께 좁아지게 됩니다. 말은 마음의 방향에서 시작되는데 내 마음만 들여다보고 있을 때는 상대방의 감정이 잘 보이지 않게 되죠. 그러니 소통도 막히고 관계도 멀어지며 결국 말하는 것이 점점 더 어려워집니다.

자신의 부정적인 감정에 갇힌 채 하는 말은 대개 짧고 차갑고 방어적입니다. 반대로 내가 나를 먼저 공감해 주기 시작하면 마음에 작은 공간이 생기고, 그 공간이 타인의 마음을 받아들이는 여유가 되죠. 이때 말은 다리가 되고 관계는 다시 흐름을 찾습니다. 말을 잘한다는 것은 결국 내 감정에 빠지지 않고 상대의 마음과 나의 마음을 함께 볼 수 있는 힘입니다.

먼저 상대의 마음을 들어주려는 그 따뜻한 노력 하나가 마음의 거리를 천천히 다시 이어 줄 거예요.

관계의 방향성

1. 자기 중심적 태도에서 벗어나 상대의 마음을 바라보는 것이 중요합니다

자기 중심적 태도에서 벗어나 상대의 마음을 바라보는 것이 중요합니다. '나만 힘들다'는 생각이 깊어지면 상대의 목소리는 전혀 들리지 않을 수도 있습니다. 내 감정을 이해하면서도 타인의 마음을 함께 바라볼 때 소통이 시작됩니다. 내가 먼저 마음의 창을 열면 상대의 진심이 들어올 자리가 생깁니다.

2. 모든 것을 혼자 해결하려 하기보다 함께 나누는 것도 중요합니다

모든 것을 혼자 감당하려는 태도는 리더십을 약하게 만듭니다. 도움을 요청하는 것은 결코 약함이 아닌 타인에 대한 신뢰의 표현이자 서로를 믿는 가장 따뜻한 용기입니다.

3 완벽함의 가면을 벗고 진짜 나로 소통하는 것이 중요합니다

상처받은 마음을 외면하고 완벽한 척하면 관계는 멀어집니다. 불완전한 나를 인정할 때 함께 연결될 수 있습니다. 완벽하지 않아도 진심이 통하는 소통이 중요합니다.

마음의 시선
바꾸기

최근 대화 중 서운했던 상황을 떠올려 보세요. 그때 내가 느낀 감정과 생각을 솔직하게 적어 보세요. 그 순간 상대는 어떤 감정과 생각을 갖고 있었을지 추측하며 적어 보세요.

Ex. "요즘 일이 많아 힘들어"라고 친구에게 말했더니 친구가 "그건 힘든 것도 아니야. 나는 일이 많아 하루에 네 시간밖에 못 자고 있어"라고 말했을 때, 나의 힘듦을 가볍게 여기는 것 같아 서운했다. 그래서 친구 이야기를 제대로 들어주지 못했다. 하지만 생각해 보면 친구도 많이 힘들어서 하소연을 하고 싶은 심정이었을 듯하다. 내 서운함에 머물러 친구의 마음을 들여다볼 여유가 없었다. 다음에 비슷한 순간이 온다면 내 감정도 소중히 여기되 상대의 마음도 함께 바라보는 사람이 되고 싶다.

06

내가 불안했던
진짜 이유

'난 무엇을 잘할 수 있을까?'

학창 시절 저는 이 질문을 정말 많이 던졌어요. 어쩌면 여러분도 지금 이 질문을 하며 살아가고 있을지도 모르겠네요. 어릴 적 제 꿈은 아나운서가 아니었어요. 중학교 때까지는 선생님이 꿈이었습니다. 친구들에게 설명해 주는 것을 좋아했거든요. 그런데 중학교 시절, 선생님께서 학생들 때문에 힘들어하시는 모습을 보면서 '저렇게 힘든데 내가 할 수 있을까?' 하는 생각이 들었고, 그때부터 직업에 대해 진지하게 고민하기 시작했습니다.

어릴 적 부모님께서는 맞벌이를 하셨고, 가족끼리 외식 한 번 하는 것도 쉽지 않았습니다. 그래서 늘 다짐했죠.

'고생하시는 부모님을 위해 꼭 성공해야겠다.'

'돈을 많이 벌어서 효도해야겠다.'

그러다 머릿속에 떠오른 질문이 하나 있었습니다.

"어떤 직업을 선택하면 돈을 많이 벌 수 있을까?"

그렇게 떠올린 직업은 승무원, 호텔리어, 여행 가이드였습니다. 당시 학생으로 두발 규제, 야간자율학습 등 통제된 생활을 하던 제게, 자유롭게 세계를 누비는 직업은 동경의 대상이었습니다. 하지만 그 꿈과 현실 사이엔 커다란 벽이 있었습니다. 바로 자신에 대한 믿음이 부족했죠.

'명문 대학 가려면 성적도 높아야 하는데… 과연 갈 수 있을까? 내가 승무원을 할 수 있을까?'

의심과 불안의 연속이었죠.

지금 와서 돌아보면 '진짜 내가 좋아하는 게 뭘까?', '나는 어떤 삶을 살고 싶은 걸까?' 같은 질문은 스스로에게 하지 않았습니다. 그저 남들이 부러워하는 직업을 좇으며 막연한 환상만 품고 있었죠. 그런데 아나운서는 왜 원하는 직업에 없었을까요? 바로 '나는 말을 못해'라고 스스로 제 능력의 한계를 그었던 거죠. 고등학교 2학년 때 담임 선생님께서 이렇게 말씀하신 게 기억나요.

"윤정이는 아나운서 하면 잘할 것 같은데?"

그때 저는 놀라며 이렇게 대답했습니다.

"선생님! 아나운서요? 제가 무슨 아나운서를 해요. 말도 안돼요. 저는 말 못해서 아나운서 못해요!"

지금 생각하면 그때 선생님은 제 가능성을 봐 주셨는데, 저는 스스로 단단한 벽을 세웠습니다. 말을 못한다 생각했던 것이 말하는 능력을 성장시키는 데 큰 걸림돌이 되었던 것입니다.

자신의 내면과 대화를 잃은 사람은 결국 방향을 잃습니다. 저는 꿈을 찾지 못했고, 불안과 걱정 속에서 늘 흔들렸습니다.

'혹시 수능 날 집중 못해서 시험 망치면 어떡하지?'

그 불안이 머리를 가득 채워 시험 시간에 문제를 제대로 읽지 못했고, 성적도 점점 떨어졌죠. 그럴수록 자신감은 무너지고, 자존감은 바닥까지 내려갔습니다.

수능 당일 지금도 잊히지 않는 일이 있습니다. 전날 불안한 마음에 문제집을 보다가 안경을 끼고 잠들어 버린 거예요. 일어나 보니 안경이 깨져 있었고, 다음 날 시험장에서 금이 간 안경을 낀 채 문제를 풀었어요. 결국 원하던 대학에는 가지 못했고, 점수에 맞춰 지방 국립대 불문과에 진학했습니다. 전공 수업에 흥미를 느끼지 못했고, 방황이 시작됐습니다.

'이 길이 정말 내가 가야 할 길일까? 불문과 나와서 무엇을 하지?'

이런 질문이 떠오를 때마다 마음은 더 혼란스러워졌죠.

그 시절의 저는 타인의 선택에 기대어 살았습니다. 스스로 질문하지 않았고, 내 마음이 아닌 세상의 기준에 맞춰 살았던 거죠. 그래서 늘 불안했고, 길을 잃은 기분이었습니다. 하지만 그 방황의 시간은 실패가 아니라 탐색의 과정이었다는 것을 깨닫게 되었습니다. 어두운 동굴 속을 헤매는 시간이 있었기에 저는 제 안의 목소리를 듣는 법을 배웠습니다.

'나아갈 길'이라는 뜻의 '진로(進路)'는 청소년기에만 정하는 것이 아닙니다. 행복하고 의미 있는 방향을 찾는 일이라면, 그것은 평생에 걸쳐 계속되어야 할 여정입니다. 지금 그 시절로 돌아간다면 저는 스스로에게 끊임없이 질문하고 싶습니다.

'너는 진짜 무엇을 좋아하니?'

'무엇을 할 때 가장 의미를 느끼니?'

또 질문을 통해 나만의 기준을 세우고 단기, 중기, 장기 목표를 구체적으로 적고 싶습니다. 삶은 누가 대신 살아 주는 게 아니라 내가 직접 써 내려 가는 이야기입니다. 남의 기준에 맞춘 삶은 잠시 안도감을 줄 수 있어도 오래 머물 힘은 되지 않습니다.

'나는 오늘 어떤 방향으로 나아가고 있지?'

내 안의 목소리에 귀 기울이고, 스스로 묻는 용기를 갖고 질문하는 것! 그 질문이 여러분의 인생을 다시 빛나게 만들어 줄 것입니다. 어릴 적 제가 쉽게 흔들리고 불안이 많았던 이유는 능력이 부족해서가 아니라 스스로를 믿지 못했기 때문입니다.

'나는 안될 거야.'

'나는 말도 못해.'

어린 시절 스스로에게 했던 이 말들이 마음에 깊게 자리 잡으며 어떤 일을 시작하기도 전에 먼저 포기하게 만들었죠. 자기 신뢰가 약해지면 마음이 흔들리고, 마음이 흔들리면 말도 덜컥 막힙니다. 말하기는 나 자신을 믿는 힘으로부터 시작되는데 저는 그 믿음 없이 말하려 했기에 더 두려웠던 것이죠.

불안은 말의 속도를 늦추고, 자기 의심은 목소리의 힘을 약하게 만듭니다. 그래서 말을 못하는 것은 능력의 문제가 아니라 내 안의 목소리를 내가 먼저 지워 버린 결과이기도 합니다. 하지만 자기 믿음은 언제든 다시 세울 수 있습니다. 나를 향한 작은 응원의 말 한마디, '괜찮아, 넌 할 수 있어'라는 내면의 메시지를 되찾는 순간 말도 마음도 다시 제자리로 돌아오기 시작하거든요. 말의 회복은 결국 나를 다시 믿는 힘에서 시작됩니다.

따뜻한 말 한마디

오늘 여러분이 스스로에게 건네는 그 작은 질문 하나가 내일을 더 따뜻한 방향으로 이끌어 줄 거예요.

내 안을 들여다보는 연습

1 나와의 대화를 잃으면 삶의 방향도 잃습니다

'나는 무엇을 좋아할까?', '어떤 삶을 살고 싶을까?' 스스로 질문하지 않고 내 안의 목소리를 외면하면 남의 인생을 살게 되죠. 하지만 내면의 목소리에 귀 기울이면 비로소 자신만의 길이 보이기 시작할 것입니다.

2 자신에 대한 고정관념이 가능성을 막습니다

'나는 안돼', '나는 원래 이런 사람이야'라는 생각은 아직 열리지 않은 문을 자물쇠로 스스로 잠그는 일과 같습니다. 두려움은 도전을 막지만, 시도는 언제나 변화를 만듭니다.

3 두려움과 불안이란 감정을 인정하는 연습이 필요합니다

우리는 두려움을 숨기거나 불안을 밀어내려 하죠. 그 감정들을 밀어내려고 할 때 우리는 감정의 파도에 휩쓸려 버릴 수 있습니다. 두려움과 불안을 인정하고 수용할 때 진정한 나를 이해할 수 있게 됩니다.

나에게 질문하기

지금의 나에게 가장 필요한 질문 한 가지를 정하고, 그 질문을 '내 안의 나'에게 직접 말하듯 표현해 보세요. 타인의 시선을 생각하지 말고 질문에 대한 나의 솔직한 감정을 말해 보세요.

Ex. **Q_ 요즘 나는 내가 원하는 삶을 살고 있나요?**

A_ 요즘 나는 해야 하는 일들에 밀려 내가 원하는 삶보다는 해야만 하는 삶을 살고 있는 것 같아. 누군가의 기대를 채우느라 정작 나의 마음은 묻어 두고 지냈지. 오늘만큼은 남의 기준이 아니라 내가 정말 원하는 게 무엇인지 조용히 물어보고 싶어.

07

거절하면 나를 싫어하겠지

처음 대학에 입학했을 때, 세상 모든 것이 자유로워 보였습니다. 고3 때 쌓인 스트레스를 털어 내듯 머리를 샛노랗게 물들이고, 신입생 환영회에서는 친구들과 트로트 메들리를 열창했죠. 학생회에 가입해 오리엔테이션 장기자랑도 준비했습니다. 남녀 8명이 짝을 이뤄 당시 인기곡이던 핑클의 〈영원한 사랑〉에 맞춰 춤을 췄던 그 순간이 아직도 생생합니다.

그렇게 신나게 보낸 일 년이 훌쩍 지나고, 2학년이 되었습니다. 하지만 현실은 냉혹했습니다. 수업을 제대로 듣지 않았던 결과, 성적은 바닥이었고 미래도 막막했습니다.

'일단 돈이라도 벌어 보자.'

그런 마음으로 어머니 친구 분의 소개를 받아 공부방 아르바이트를 시작했습니다. 단순히 용돈 정도만 벌 생각이었죠. 처음엔 아이들의 부족한 과목을 도와주는 보조 역할이었습니다. 그런데 성실하게 일하는 제 모습을 본 원장 선생님께서는 점점 더 많은 업무를 맡기기 시작했습니다. 거절할 줄 몰랐던 저는 모든 요청에 "네, 네" 하며 답했습니다. 그렇게 학교가 끝나는 오후 3시부터 밤 10시까지 정규직 직장인과 다름없는 생활이 시작됐죠.

"선생님을 신뢰하니까 맡기는 거예요."

그만두고 싶은 마음이 턱 밑까지 차올랐지만 저를 신뢰하는 선생님께 실망을 안겨 드릴까 봐 차마 거절하지 못했어요. 그러다 보니 제가 원하는 삶이 아니라 끌려다니는 인생을 사는 것만 같았습니다. 학교가 끝나면 곧장 공부방으로 달려가야 했고, 친구들과의 약속은 언제나 뒷전이었죠.

스물한 살 마음껏 해 보고 싶었던 연애도, 여행도, 새로운 도전도 모두 포기해야 했습니다. 친한 친구들과도 점점 멀어졌어요. 마치 무인도에 혼자 고립된 것 같은 기분이었습니다. 부모님께 걱정을 끼치고 싶지 않아 힘들다는 속마음조차 털어놓지 못했죠. 거절하지 못해 타인의 요구에 끌려다녔고, 삶이 우울하고 힘들었습니다. 만약 그때로 돌아간다면, 이렇게 말하고 싶어요.

"원장님, 저를 신뢰해 주셔서 감사합니다. 하지만 일이 너무 많아

져서 제 삶의 여유가 없습니다. 저는 돈을 많이 원하지 않으니 하루 세 시간 정도만 일하고 싶습니다. 남은 시간에는 친구도 만나고, 새로운 것도 배우며 여유를 갖고 싶습니다. 더 많은 일손이 필요하시다면 다른 분을 찾아보시는 건 어떨까요?"

이제는 거절이 관계를 멀어지게 하는 것이 아니라 건강한 관계를 위한 시작이라는 것을 깨닫게 됐습니다. 거절은 그 사람을 거부하는 것이 아니라 그 부탁을 거부하는 것임을 이해하는 게 중요합니다. 모든 사람에게 좋은 사람이 되려다 보면 정작 나 자신을 잃어버리게 되죠.

거절도 연습이 필요합니다. 처음엔 어색하고 죄책감이 들더라도, 점점 자연스러워집니다. 내 경계를 지키는 것은 이기적인 게 아니라, 건강한 관계를 위한 필수 요소니까요. 주체적인 선택이 있는 삶이야말로 진정한 행복입니다. 타인에게 끌려다니는 인생이 아닌, 내가 원하는 방향으로 나아가기 위해서는 때로는 용기 있는 거절이 필요합니다.

거절이 어려웠던 이유는 제 성격 때문이 아니었습니다. 어린 시절부터 '싫다고 하면 상대가 상처받지 않을까?', '말대꾸하면 사랑을 잃게 되지 않을까?' 하는 두려움 속에서 자라며 자연스럽게 '착해야만 사랑받을 수 있다'는 믿음을 품게 되었죠. 많아지는 부탁이 힘들어도 괜찮은 척했고, 내 마음보다 남의 기분을 먼저 살폈죠. '거절하면 관계가 멀어질 거야! 사랑받지 못할 거야!' 이런 잘못된 신념을 갖게 됐습니다. 말하고 싶어도 목소리가 떨리고, 입술이 굳어 버린 이유는 '나를 지켜도 된다'는 허락을 배운 적이 없었기 때문이었습니다. 하지만 뒤늦게 깨달은 것은 관계는 거절한다고 멀어지는 것이 아니라 솔직하지 못할 때 멀어진다는 것이죠. 거절은 타인을 밀어내는 행위가 아니라 나를 지키는 용기입니다.

착해야 사랑받는다는 오랜 두려움에서 벗어날 때 비로소 나다운 목소리가 다시 피어나기 시작할 거예요.

부드럽게 말하는
샌드위치 거절법

샌드위치 거절법은 거절의 메시지를 긍정과 배려로 감싸는 말하기입니다. 관계를 지키면서 경계를 세우는 단단한 말의 방법입니다.

① 1단계 — 감사와 칭찬

거절의 첫 문장은 감사로 열면 좋습니다. 사람은 거절의 이유보다 자신이 존중 받고 있다고 느낄 때 마음을 열거든요. 작은 배려의 말 한마디가 거절을 부드럽게 바꿔 줍니다.

Ex. - 좋은 기회를 주셔서 정말 감사해요.

- 저를 믿고 맡겨 주셔서 감사해요.

② 2단계 ─ 구체적인 거절 이유

거절은 모호하면 오히려 불신을 낳습니다. 상대가 납득할 수 있도록 구체적이고 사실적인 이유를 전하세요. '싫어서'가 아니라 '상황상 어렵다'는 점을 분명히 하는 게 중요합니다.

Ex.
- 하지만 이번 주는 기존 일정이 꽉 차 있어서 함께하기가 어려울 것 같아요.
- 지금은 프로젝트 마감이 겹쳐서 시간적으로 여유가 없어요.

③ 3단계 ─ 대안 제시

단호하게 끝내는 거절은 관계를 닫지만, 대안을 제시하는 거절은 관계를 이어 줍니다. '지금은 어렵지만, 다음엔 가능하다'는 메시지를 남기세요.

Ex.
- 대신 다음 달 일정이 정리되면 꼭 함께하고 싶어요.
- 대신 자료 정리는 도와드릴 수 있을 것 같아요.

샌드위치 거절법으로 말하기

3단계 샌드위치 거절법을 활용해 부드러운 거절을 연습해 보세요.

> - **1단계** : 감사와 칭찬
> - **2단계** : 구체적인 거절의 이유
> - **3단계** : 대안 제시

Ex. 좋은 기회를 주셔서 너무 감사합니다. 정말 함께, 꼭 하고 싶은 마음이 간절한데 다음 달 중순 책 출간 예정이라 퇴고를 2주 안에 마쳐야 하는 상황입니다. 지금 당장 함께하기는 어렵겠지만 책 출간 이후에 기회가 된다면 꼭 함께하고 싶습니다.

말은
기회의 문을
열어 주었습니다

01

발표만 하면 울던 아이
마이크를 잡다

'내가 뭘 해야 하지? 어디로 가야 하지?' 대학교 2학년의 저는 마치 안개 속을 걷는 것 같았습니다. 취업이라는 현실 앞에서 한없이 작아진 제 모습이 초라하게 느껴졌죠. 목표를 향해 달리며 성장하는 것을 좋아했지만, 정작 그 목표가 무엇인지 몰라 발걸음이 무거웠습니다. 그때 대학 선배가 특별한 아르바이트를 소개해 줬습니다. '정글의 난폭자, 악어 대탐험'이라는 파충류 전시회였습니다. 주차 안내, 매점 운영, 체험 안내 등 다양한 역할이 있었는데, 이사님이 저를 보며 뜻밖의 제안을 하셨습니다.

"사회자 한번 해 보지 않을래? 잘할 것 같은데."

순간 심장이 쿵 하고 내려앉았습니다. 무대에서 마이크를 잡아 본

적이 단 한 번도 없었기 때문이었죠.

'말도 못하고 한 번도 해 보지 않았는데 어떻게 사회자를 하지?'

걱정이 앞섰지만, 마음 한편에서는 설렘이 느껴졌습니다.

'그래, 한 번쯤은 부딪혀 보자. 실패하더라도 그 안에서 무언가를 배우게 되겠지.'

"많이 부족하지만 해 보겠습니다."

그 한마디가 제 인생을 바꾼 시작이었습니다. 제가 맡은 역할은 파충류 전시회에서 하루에 3~4회 진행되는 외국인들의 악어쇼와 뱀쇼를 안내하고, 레크레이션으로 댄스 대회를 진행하는 것이었습니다. 호기롭게 도전했지만, 처음 맡은 사회자라 시행착오가 많았습니다. 특히 어린이 관객들을 무대 위로 불러 즉석 댄스 대회를 열고 1, 2, 3등을 뽑아 선물을 주는 순서에서는 돌발 상황이 많았습니다. 아이들이 긴장해 참여를 망설이기도 하고, 무대 위에 올라왔던 아이가 울거나 청중의 호응이 없는 등 진땀 빼는 일이 한두 번이 아니었습니다. "파파이완에서 온 인도네시아 씨입니다!"라고 말한 적도 있었습니다.

이사님은 무대를 보시고 고개를 절레절레 흔들며 말씀하셨습니다.

"왜 이것밖에 못해? 당황하지 말고, 이렇게 했어야지!"

혼날 때마다 무대 위에서 자책하며 몰래 눈물을 삼키곤 했습니다. 하지만 그럴수록 오기가 생겼어요.

‘그래, 보여 주자. 나도 잘할 수 있다는 걸.’

퇴근 후에는 사회자 멘트를 연구했고, 매일 새로운 게임을 준비하며 쇼를 진행했습니다. 두 달간의 행사가 끝나갈 무렵에는 큰 변화가 생겼습니다. 제 심장의 두근거림 때문에 제대로 못 들었던 청중의 박수와 웃음소리가 들리기 시작한 것입니다. 어느 순간 사람들이 환호하며 박수를 치는 모습을 보는데 가슴이 뭉클해졌습니다.

‘아~ 지금 사람들에게 즐거움을 주고 있구나. 이 순간이 정말 행복이구나!’

이렇게 무대 위에서 사람들과 행복을 나누는 일이 바로 내가 오랫동안 찾던 길이라는 것을 깨닫게 되었습니다. 그날 이후로 방송인의 꿈이 제 안에서 꿈틀거리기 시작했습니다.

만약 그때 파충류 쇼의 사회자 제안을 거절했다면 지금의 저는 없었을지도 모르죠. 꿈은 머리로 찾는 게 아니라 가슴으로 느끼며 도전 속에서 찾는 것임을 경험을 통해 배웠습니다. 어떤 옷이 나에게 어울릴지는 직접 입어 봐야 알잖아요. 아나운서는 처음부터 제 꿈이 아니었어요. 하지만 한 번도 해 보지 않은 일에 도전했기에 그 속에서 제 인생의 방향을 찾을 수 있었습니다. 삶의 벽이라고 느꼈던 말이 위기를 건너는 다리가 되어 새로운 세상으로 안내해 주었습니다. 그리고 이제 저는 확신합니다. 두려움 앞에서 멈추지 않는 한 걸음이 인생의 가장 빛나는 장면으로 이끌어 준다는 것을.

사람들은 종종 말 잘하는 사람은 처음부터 특별한 재능을 가진 것처럼 생각합니다. 하지만 저는 무대 위에서 울음을 삼키던 그 시절을 통해 깨달았습니다. 말은 부딪히고 흔들리고 깨지며 길들여지는 용기의 산물이라는 것을. 처음에는 떨리고 실수하고 목소리가 흔들려도 괜찮습니다. 중요한 것은 완벽하게 말하는 것이 아니라 한 문장이라도 더 말해 보겠다는 마음의 움직임이거든요. 그 작은 움직임이 자신감을 만들고, 자신감이 새로운 가능성을 찾게 해 줍니다.

말은 두려움을 뚫고 나오는 순간 강해지고, 세상과 나를 연결하는 다리가 됩니다. 결국 말을 잘하게 되는 방법은 두려움 앞에서 멈추지 않은 나의 선택이었습니다. 여러분 안에도 이미 그 힘이 자라고 있습니다.

두려움 앞에서 멈추지 않는 한 걸음이 여러분의 인생을 가장 빛나는 장면으로 이끌어 줄 거예요.

발표 불안을 극복하는 Y.M.C 법칙

1 Y — You
청중에게 마음을 열어 보세요

무대에 서면 누구나 떨립니다. 그 떨림의 이유는 대부분 시선이 나에게만 머물러 있기 때문입니다. '사람들이 나를 어떻게 볼까?'라는 생각 대신 '청중에게 어떤 이야기가 도움 될까?', '어떤 장면에서 공감할까?'를 떠올려 보세요. 시선을 '나'에서 '상대'로 옮기는 순간 무대는 평가의 자리가 아니라 마음을 나누는 공간이 됩니다.

2 M — Move
도전하고 실행해 보세요

두려움은 멈춰 있을 때 커집니다. 완벽을 기다리기보다 '한 문장이라도 더 자신 있게 말해 보자'는 불완전한 용기로 움직여 보세요. 작은 도전이 자신감을 키웁니다. 회의에서 1분 더 말하기, 먼저 의견 내보기, 낯선 사람에게 인사하기 등이 시작입니다. 거울 앞에서 말하고, 영상을 찍어 스스로를 바라보세요. 어색함 뒤엔 생각보다 괜찮은 내가 기다리고 있습니다.

말은 전달이 아니라 연결입니다. 서로의 마음이 오가는 그 순간 비로소 말은 힘을 갖게 됩니다. 발표 중에 혼자서만 말하지 말고 '여러분은 어떻게 생각하세요?'처럼 작은 질문을 던져 보세요. 발표 후엔 스스로 개선점을 적거나 주변 사람에게 피드백을 받아 보세요. 그 반복이 여러분을 성장시켜 줄 거예요.

발표 불안 극복하기

발표 불안을 극복하기 위해 어떤 노력을 해 보았나요? 앞으로 어떤 노력을 하면 좋을까요? 스스로 질문해 보고 답해 보세요.

Ex. 발표가 두려울 때마다 저는 스스로를 다독이는 긍정 확언을 적어 '나에게 예쁜 말'을 선물했습니다. 또 말의 리듬을 익히기 위해 섀도잉 원고로 매일 5분씩 따라 읽기 연습을 했고, 말하는 사람의 언어와 태도를 배우고자 이미지를 떠올리며 원고 없이 말하기 연습도 했습니다. 그리고 30초 스피치를 녹음해 제 목소리를 객관적으로 들으며 교정했습니다. 이런 작은 연습들이 모여 말이 조금씩 편안해지고 있습니다.

02

SBS 기상캐스터
500:1의 경쟁률을 뚫다

'다시 수능을 봐서 언론정보학과에 들어가자!'

저는 방송인의 꿈을 품고 큰 결단을 내렸습니다. 2년 동안 다니던 대학을 그만두고 다시 수능을 보기로 한 것이죠. 부모님의 만류도 컸지만, 마음이 시키는 일이었기에 멈출 수 없었습니다. 그렇게 충남대학교 언론정보학과에 새롭게 입학했습니다. 그 당시에는 대학교 4학년이 되어야만 아나운서 공채에 지원할 자격이 주어졌습니다. 그래서 4학년이 되자마자 지상파 방송사의 문을 하나씩 두드리기 시작했습니다.

그러던 어느 날, 우연히 본 SBS 기상캐스터 모집 공고가 제 가슴을 두근거리게 했습니다. '전공자 우대'라는 문구가 있었지만, 포기할 수 없었습니다. 서류 전형은 자유 형식의 자기소개서였죠.

'어떻게 하면 나를 임팩트 있게 표현할 수 있을까?'

그 고민 끝에 떠오른 아이디어는 인생을 계절에 빗대어 써 보는 것이었습니다.

'봄은 새싹이 돋아나는 희망의 시기이니까 방송인의 꿈을 가졌던 이야기를 써야겠다. 여름은 태풍, 소나기… 시련의 계절이니 방송인에 도전하며 겪었던 시련에 대한 이야기를 쓰자. 가을은 결실의 계절이니 방송인에 도전하며 거둔 결실을 쓰고, 겨울은 새롭게 꽃필 봄날을 기다리는 시기이니까 방송인이 되기 위해 겨울눈이 되어 단단히 무장하고 있다고 쓰면 되겠다!'

이런 생각을 통해 봄에는 파충류 전시회 사회자 경험을 통해 꿈의 싹을 틔운 순간을 담았고, 여름에는 도전과 좌절 속에서도 포기하지 않았던 이야기를, 가을에는 그 과정에서 얻은 성장과 깨달음을, 겨울에는 새로운 봄을 기다리는 기상캐스터의 꿈을 담았습니다. 지금 돌아보면 그런 아이디어가 어떻게 떠올랐는지 신기할 정도입니다. 아마도 간절함이 만들어 낸 영감이지 않았을까요? 서류 전형은 무사히 통과했지만, 면접이 다가오자 불안이 밀려왔습니다.

'질문이 너무 어려우면 어쩌지? 순발력이 부족한데 괜찮을까?'

아직 일어나지 않은 일들에 대한 걱정으로 밤잠을 설쳤고, 어떻게 준비해야 할지 막막했습니다. 목표를 바로 코앞에 두고 자존감이 바닥으로 내려갔습니다.

'내가 아나운서를 잘할 수 있을까? 이제 그만둘까? 아니야 지금까지 꿈을 향해 노력해 온 순간들이 있잖아! 지금 멈추기에는 너무 아까워!'

복잡한 생각들로 면접 연습에 집중할 수 없었습니다. 그때 제 마음속에 한 문장이 떠올랐습니다.

'해가 뜨기 전이 가장 어둡다.'

그 말을 되뇌며 마음을 다잡고 포기 대신 연습을 선택했습니다. 예상 질문 50가지를 직접 만들어 답변을 정리하며 스스로를 돌아보았습니다.

'나는 어떤 삶을 살아왔지? 나의 장단점은? 힘들었던 시기를 어떻게 극복했지?'

그 질문들에 답하며 비로소 깨달았습니다. 앞만 보고 달리느라 정작 자신을 돌아볼 시간이 부족했다는 것을요.

'내가 나 자신에 대해 가장 잘 알아야 하는데, 나는 나를 잘 몰랐구나!'

'나는 남들과 다른 관점으로 세상을 바라보는 것을 좋아하는 창의적인 사람이구나. 도전과 성장을 통해 스스로를 키워가는 사람이구나.'

면접 연습을 통해 내면을 성찰하며 잃어버렸던 자신을 찾아 나갔습니다. 그리고 마지막으로 스스로에게 물었습니다.

'나를 한 단어로 표현한다면 무엇일까?'

그 질문을 붙잡고 참신한 자기소개서를 만들기 위해 고민했고, 소품을 직접 만들었습니다. 8절 하드보드지에 우리나라 지도를 그렸고, 대전에는 제 사진을, 서울에는 SBS 로고를 붙인 뒤 이것을 들고 면접을 볼 때 이렇게 말했습니다.

"최윤정이라는 태풍이 SBS를 향해 빠르게 북상하고 있습니다. 이 태풍의 특징은 빠른 추진력과 뜨거운 열정입니다."

이 자기소개 덕분에 500:1의 경쟁률을 뚫고 1차 면접을 통과할 수 있었습니다. 최종 면접에는 단 6명만이 올라왔고 더욱 긴장됐습니다. 운이 좋게도 제가 준비했던 예상 질문들이 모두 출제되었는데요. 마지막 최종 면접 질문은 이것이었습니다.

"어떤 기상캐스터가 되고 싶나요?"

"밝고 친근한 기상캐스터가 되겠습니다", "정확하고 신속한 정보를 전달하겠습니다" 같이 뻔한 답변 대신 저는 조금 다르게 답했습니다.

"저는 기상캐스터의 정체성을 확고히 하는 기상캐스터가 되고 싶습니다. 최초의 기상캐스터는 1970년대 김동완 님, 최초의 여성 기상캐스터는 1991년 이익선 님입니다. 아직 기상캐스터의 역사가 짧아 사람들은 기상캐스터가 아나운서인지, 기상청 직원인지 혹은 연예인인지 헷갈려합니다. 저는 기상캐스터의 전문성을 세상에 알리고, 기상캐스터의 역사를 함께 만들어가는 사람이 되고 싶습니다.”

그리고 대전으로 돌아가는 기차 안에서 한 통의 전화가 걸려 왔죠.

“합격하셨습니다. 함께 일할 수 있으신가요?”

그 순간의 기쁨은 마치 로또에 당첨된 듯했습니다. 500 : 1의 경쟁률을 뚫고 합격할 수 있었던 이유는 화려한 스펙이 아닌 저만의 말과 글이었습니다. 그 과정을 통해 면접은 단 한 번의 시험이 아니라 내 삶을 증명하는 과정이라는 것, 말을 잘한다는 것은 온몸으로 살아낸 경험을 진심으로 전하는 일임을 깨달았습니다.

면접을 앞둔 분들이라면 스스로 이런 질문을 던져 보길 바랍니다.

❶ 지원하는 곳의 가치와 인재상을 정확히 파악했나요?

❷ 홈페이지 정보에 그치지 않고, 다양한 채널을 통해 그곳을 깊이 이해했나요?

❸ 기출문제와 예상 질문에 대해 키워드 중심으로 연습했나요?

❹ 거울 앞에서, 카메라 앞에서 실전 감각을 익혀 봤나요?

❺ 수많은 지원자 중에서 기억될 나만의 강점은 무엇인가요?

❻ 내 인생의 의미 있는 경험들을 노력과 깨달음으로 정리했나요?

❼ 피드백을 통해 나의 부족한 점을 꾸준히 개선해 왔나요?

이 질문에 진심으로 답하는 과정 속에서 여러분은 자신을 믿고 단단히 세워 나갈 수 있을 것입니다. 여기에 중요한 점이 하나 더 있습니다. 답변에 스토리를 담아 보는 것입니다. 질문 하나에 장면과 상황을 넣으면 그 안에 자신만의 진짜 경험과 감정이 나옵니다. 면접관이 듣고 싶은 답변은 여러분의 살아 있는 스토리입니다. 여러분도 스토리를 통해 삶을 더 깊이 들여다보게 되고 내면도 단단해질 거예요. 말은 결국 마음의 확신에서 나오고, 그 확신이 있을 때 단어 하나에도 진심이 묻어나며 그 진심이 듣는 사람의 마음을 움직입니다.

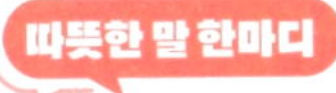

여러분이 걸어온 길을 진심으로 말하는 그 순간 면접은 시험이 아니라 삶이 가장 빛나는 무대가 될 거예요.

면접 잘 보는 T.R.S 법칙

① T — Tell
나의 이야기를 말해 보세요

면접은 진정성 있는 자신의 이야기를 표현하는 자리입니다. 경험을 통해 깨달은 나만의 관점, 내가 직접 견뎌 낸 순간들 이 모든 것이 면접관에게는 스펙보다 더 강력한 증거가 됩니다. 면접에서 내 삶의 스토리로 나를 보여 주는 것이 기억에 남는 답변을 만들고 수많은 지원자 사이에서 나를 빛나게 하는 힘이 됩니다.

② R — Read
질문의 의도를 읽어 보세요

면접 질문은 훨씬 깊은 본질을 담고 있습니다. 지원자가 말문이 막히는 이유는 질문의 핵심을 보지 못했기 때문입니다.

"어떤 기상캐스터가 되고 싶나요?"라는 질문의 진짜 의미는 "직업의 본질을 얼마나 이해하고 있나요?", "직업에 대한 당신의 관점은 무

엇인가요?"를 묻는 것입니다. 따라서 면접은 문제 풀이가 아니라 의
도를 잘 읽는 것이 중요합니다.

수천 명 중 기억되는 단 한 사람은 능력이 뛰어난 사람보다 한마디
로 기억에 남는 사람입니다.
"저는 SBS로 북상하는 태풍입니다."
이 한마디로 경쟁률 500:1을 뚫고 합격을 이끌었던 것처럼, 나를
상징하는 한마디가 차별화된 브랜드로 만들어 줍니다.

PREP 1분 스피치

인생의 힘든 일이 닥쳤을 때 어떻게 극복했나요? 나만의 스토리를 활용해 1분 스피치로 말해 보세요.

PREP 법칙

P - Point (핵심 메시지) **R** - Reason (이유)

E - Example (실제 경험) **P** - Point Again (결론 강조)

Ex.

P - 저는 인생의 힘든 일을 깊은 자기 성찰과 진정성 있는 용기로 극복합니다.

R - 왜냐하면 힘든 일은 외부 환경의 문제가 아니라 나의 약점과 불안이라는 내면의 문제와 연결되어 있기 때문입니다. 그래서 깊은 자기 성찰을 통해 내면의 문제를 직면하고 정의할 때 비로소 근본적인 극복이 가능하다고 생각합니다.

E - 저는 기상 전공자는 아니었지만, 기상캐스터에 도전하며 불안과 자존감의 바닥을 경험했습니다. 이를 극복하기 위해 면접 예상 문제 50개를 만들어 제 삶 전체를 처음부터 끝까지 다시 들여다보는 깊은 성찰의 과정을 거쳤습니다. 이 과정에서 저만의 강점과 극복 경험들이 모였고, 결국 계절에 빗댄 자기소개서와 '최윤

정이라는 태풍이 SBS를 향해 북상하고 있습니다'라는 참신한 면
접 자기소개로 합격할 수 있었습니다.

P - 지금도 힘든 일이 닥칠 때마다 내면의 불안과 정면으로 마주하
며 스스로 정의하는 용기를 통해 어려움을 극복하려고 노력하고
있습니다.

03

빨간 불빛이
두려웠던 나

방송 경험 없이 SBS 기상캐스터가 되니 어려운 일이 참 많았습니다. 그중에서도 가장 힘들었던 것은 바로 카메라 울렁증이었습니다. 생방송이 시작됐다는 것을 알려 주는 작고 빨간 불빛만 보면 심장이 쿵쾅쿵쾅 뛰고 식은땀이 흘렀습니다. 입사한 지 보름 만에 교육을 받고 바로 방송에 투입됐는데, 마치 아장아장 걷기 시작한 아이에게 '뛰어!'라고 말하는 것 같았죠.

단점이 크게 보이니 카메라 앞에서 위축되고, 그런 제 모습이 너무 싫어서 방송 모니터링도 하지 않았습니다. 처음 한 달은 긴장 속에서 집중했기에 방송사고는 없었지만, 시간이 지나며 긴장이 조금씩 풀리자 실수가 잦았습니다. 멘트를 잊어버려 3초간의 공백이 생긴 적도 있었습니다. 그 순간은 마치 공포 체험처럼 등골이 오싹해지는 경험이었죠.

'이 길은 아닌가? 방송인으로서 자질이 없는 것 같은데. 나와 맞지 않는 것 같은데 그만둬야 할까?'

입사한 지 한 달도 안된 시점에 방송 울렁증으로 퇴사를 고민하기도 했습니다. 많은 분들이 모르는 사실인데, 기상캐스터는 직접 기사를 쓰고 프롬프터 없이 방송을 합니다. 기상청에서 제공된 다양한 정보를 바탕으로 1분 정도 기사를 써서 방송하는 것이죠. 저는 원고를 한 시간 넘게 외우며 완벽히 숙지하려 애썼습니다. 그런데 이상하게도 외울수록 방송이 더 어려워졌습니다.

"1분 30초로 늘려 주세요. 30초로 줄여 주세요."

뉴스의 길이에 맞춰 날씨 뉴스도 조절해야 했기 때문입니다. 완벽하게 암기만 하려다 보니, 돌발 상황에 유연하게 대처하기가 힘들었습니다. 한번은 8시 뉴스에서 대형 방송사고를 냈습니다. 태풍으로 긴급 상황이 발생해 새벽부터 실시간 중계를 이어 가던 날이었죠.

'오늘만큼은 실수하면 안돼.'

그 부담감이 제 마음을 짓눌렀습니다. 빨간 불이 켜지는 순간 머리가 하얘졌죠. 아무 생각도 나지 않아 당황한 저는 카메라 밖으로 빠져나가 원고를 급히 보고 돌아왔습니다. 다행히 끝까지 마무리는 했지만, 심장이 터질 듯 아찔하고 부끄러웠습니다.

'방송사고 크게 내서 나가라고 하면 어쩌지?'

프리랜서였기에 늘 불안했고, 많은 사람들이 나를 비웃는 것만 같았습니다. 그 후 '이번에도 실수하면 안돼!' 하는 강박관념이 생겨 방송을 더 힘들게 만들었습니다. 달릴 수 있는 차에 브레이크가 걸린 느낌이었죠. 그렇게 슬럼프를 겪고 있을 때, 부장님이 저를 부르셨습니다.

"윤정아, 방송에서 많이 긴장하던데 카메라를 애인이라고 생각해 봐. 그리고 대화를 해 봐."

대형 방송 사고를 냈는데도 혼내지 않고 부드럽게 조언해 주신 부장님이 참 감사했습니다. 그날 이후 저는 노력으로 보답해야겠다는 마음이 들었습니다. 이후 작은 소형 캠코더를 구입해 집에서 연습을 시작했습니다. 당시 저는 다른 방송 3사 기상캐스터의 영상을 분석하면서 매일 원고를 써서 미리 연습했습니다. 출근 전에는 방송용 카메라를 마주 보며, 사물이 아닌 사람처럼 따뜻한 시선을 주려 노력했습니다.

'그래, 애인으로 생각하라고 했지? 오늘부터 너를 사랑하겠어. 나도 사랑해 줘.'

무서워서 쳐다보지 못했던 카메라의 빨간 불을 애정 어린 눈으로 바라보며 마음을 다잡았습니다. 물론 방송 울렁증이 하루아침에 사라지진 않았습니다. 하지만 매일 긍정적인 생각으로 연습을 거듭하며 문득 깨달음이 찾아왔습니다.

'날씨를 전하는 기상캐스터가 자신감이 없다면, 과연 시청자들이 내 말을 신뢰할 수 있을까? 내가 잘 보이려 하지 말고, 카메라 너머 시청자에게 말을 건네자. 내가 전하고 싶은 메시지에 집중하자.'

그때 카메라 울렁증의 진짜 이유는 평가 받는 시선에만 매달렸던 나 자신 때문이었다는 것을 깨달았습니다. 진짜 말을 잘하려면 내가 아니라 메시지에 집중해야 했던 거죠. 그때부터 저는 자신감을 키우는 긍정 확언을 매일 반복했습니다.

'나는 날씨를 전해 사람들에게 도움을 주는 기상캐스터야. 나는 누구보다 날씨에 대해 잘 알고 있어.'

또한 기상캐스터라는 직업의 의미와 가치를 되새기며, 전문성을 쌓기 위해 공부를 시작했습니다. 기상청에서 실시하는 교육에 빠지지 않고 참여했고, 날씨 관련 책을 읽으며 기상 용어를 익히고 표현력을 키웠습니다.

'왜 이런 현상이 생길까? 어떻게 하면 더 쉽게 설명할 수 있을까?'

기상 현상을 단순히 읽지 않고, 질문하며 공부했습니다.

부장님은 시집을 많이 읽어 보라고 조언해 주셨는데요. 저는 날씨를 더 감성적으로 표현하기 위해 시집 속 문장들을 노트에 옮겨 적었습니다. 그리고 방송 원고를 달달 외우는 대신 '키워드 비주얼 싱킹'이라는 말하는 방법을 터득했습니다. 기억해야 할 핵심 단어들을 이미지처럼 머릿속에 그리며 전체 흐름을 이해하는 연습이었죠. 예를 들어 태풍 예보라면 '현재 위치, 이동 경로, 특보, 예상 강수량' 순서로 정리하고, 그 흐름을 머릿속에서 하나의 그림처럼 떠올렸습니다. 이 연습 덕분에 돌발 상황에서도 점점 유연하게 대처할 수 있게 되었습니다.

방송 시간을 길게 늘려 달라는 요청에는 지역별 기온과 주간 날씨 설명을 더 자세히 하고, 짧게 줄여달라는 요청에는 핵심만 간결하게 정리할 수 있었습니다. 이런 시행착오와 노력 덕분에 저는 기상캐스터로 성장할 수 있었습니다. 말을 구조화하고 단순화시키는 것이 얼마나 중요한지 깨달았고, 그때의 경험을 통해 깨달은 지혜를 스피치 강의로 나누고 있습니다. 원래부터 말을 잘했기에 스피치 강사가 된 것이 아니라 실패의 과정이 많았기에 기상캐스터에서 스피치 강사가 될 수 있었습니다.

"키워드와 이미지로 원고 없이 말하기가 가능하다니 정말 신기해요!"

이 방법으로 자신 있게 말하게 된 수강생들의 반응을 들을 때마다 마치 새로운 세상을 함께 발견한 듯 뿌듯함이 밀려옵니다.

그때의 시행착오와 두려움은 모두 저를 단단하게 만든 시간이었습니다. 카메라 울렁증을 통해 말은 잘 보이기 위한 도구가 아니라 연결을 위한 다리라는 것을 깨달았습니다. 지금도 두려움이 찾아올

때마다 그 시절의 저를 떠올립니다. 빨간 불빛 앞에서 떨던 스물다
섯 살의 저에게 속삭이듯 말하죠.

'완벽하지 않아도 돼. 진심으로 전하면, 그 말은 반드시 누군가의
마음에 닿을 거야.'

두려움 앞에서 떨고 있지만 결국 더 단단해지고 더 빛나는 모습으로 자신을 다시
만나게 될 거예요.

원고 없이도 말 잘하는 W.F.V 법칙

① W ― Want
청중이 궁금해하는 것이 무엇인지 파악해 보세요

말은 내가 하고 싶은 말보다 상대가 듣고 싶은 말에서 출발할 때 강해집니다.

'지금 이 내용을 듣는 사람이 가장 궁금해할 점은 무엇인가?'

'이 정보가 왜 필요하지?'

'이 말이 청중에게 어떤 도움을 줄까?'

사람들에게 평가받는 시선이 아니라 메시지를 받을 사람에게 집중하는 순간 말은 자연스럽게 길을 찾습니다.

② F ― Flow
말할 내용을 순서로 정리해 보세요

제가 기상캐스터를 할 때 태풍의 '현재 위치, 이동 경로, 특보, 예상 강수량' 이렇게 순서의 흐름을 잡고 시각적으로 구성했던 것처럼,

말 역시 순서를 붙이는 순간 머릿속이 정리되며 긴장이 사라지고 어떤 상황에서도 유연하게 대처할 수 있습니다.

③ V — Visualize 키워드를 이미지처럼 떠올리며 말하세요

'키워드 비주얼 싱킹'은 핵심 단어를 그림처럼 떠올리고 그 이미지를 따라 말하는 것입니다. 머릿속의 지도처럼 흐름을 순서대로 기억하고 이미지를 그리며 말한다면, 달달 암기해서 외운 말이 아니라 즉석에서 자연스러운 말이 술술 나옵니다.

원고 없이 말해 보기

다음의 기상캐스터 원고를 원고 없이 말해 보세요. QR 코드를 참고하면 영상으로도 보실 수 있습니다.

Ex. 밖에 나가기 겁이 날 정도로 한파의 기세가 강력합니다. 나흘째 서울의 기온이 영하 10도를 밑돌고 있는데요. 특히 오늘 아침은 서울이 영하 14.5도까지 내려가면서, 이틀만에 올 겨울 최저기온을 경신했습니다. 이번 한파는 내일 낮부터는 누그러질 것으로 예상되는데요. 모레는 평년 기온을 회복하겠지만, 전국에 눈, 비 소식이 있습니다.

기상캐스터를 하며 깨달은 원고 없이 말 잘하는 법

왜 녹화보다
생방송이 편했을까

녹화방송 vs 생방송 어떤 게 편했을까요? 날씨 방송은 대부분 생방송으로 진행되지만, 늦은 밤 방송의 경우 날씨 변화가 크지 않을 때는 녹화로 진행되기도 합니다. 신입 시절의 저는 방송을 잘 못했기에 녹화 방송부터 시작했어요.

처음에는 녹화 방송이 훨씬 편할 것이라 생각했습니다. 일찍 퇴근할 수 있고, 방송사고도 예방할 수 있으니까요. 하지만 실제로는 오히려 더 부담스럽고 어려웠습니다. '잘해야 한다'는 압박감에 힘이 들어가다 보니 녹화방송 시 말이 꼬이거나 멘트를 잊어버려 자꾸 NG가 났죠. 1분 정도 되는 방송을 녹화하는 데 한 시간이 걸린 적도 있었습니다. 카메라 감독님, 뉴스 PD님, 그래픽 디자이너분들까지 저를 도와주시는데 NG가 너무 많아 정말 죄송했어요.

'오늘은 실수 안 하고 잘해야 하는데…'

그 긴장과 부담감은 점점 커져만 갔습니다. 시간이 지나면서 생방송이 오히려 훨씬 편하다는 것을 느꼈어요. 한 번뿐인 기회라는 생각이 들자 불안보다는 집중력이 높아졌거든요. 물론 생방송에는 위험도 많았습니다. 카메라 빨간 불이 갑자기 들어와서 준비가 되지 않은 상태에서 방송이 시작되기도 했고, 기계 오류로 그래픽 화면이 멈춰 나오지 않는 경우도 있었죠. 처음엔 이런 상황이 너무 당황스러워서 멘트를 잊고 아무 말도 못한 적도 있었습니다.

하지만 여러 번의 방송사고를 겪으며 실수의 경험이 오히려 제게 큰 자산이 되었다는 것을 배웠습니다. 카메라 빨간 불이 예고 없이 들어오면 능청스럽게 아무 일도 없던 것처럼 시작하면 되고, 화면이 멈추면 핵심만 간결하게 전하면 된다는 것을 깨달았죠. 돌발 상황들을 다 겪고 난 뒤, 어떻게 대처하면 좋은지 스스로 터득할 수 있었고 그때부터 방송이 조금씩 편안해졌습니다.

여러분도 사람들 앞에서 발표할 때 예상치 못한 상황을 겪은 적이 있지 않나요? 그럴 때마다 당황하고 위축되었다면 이렇게 생각해 보세요.

'실패 경험 자산이 하나 생겼구나. 다음에 이런 일이 생기면 이렇게 대처하면 되겠구나!'

돌발 상황이 두렵다면, 그 상황을 구체적으로 상상해 보고 그때 할 말을 미리 준비해 두는 것도 좋겠죠? 그 한 줄의 멘트가 있다면 훨씬 든든할 것입니다.

"10년 동안 생방송을 하셨으니 이제는 전혀 긴장되지 않으시겠죠?"

사람들에게 이런 질문을 자주 받습니다. 그럴 때마다 저는 웃으며 말합니다.

"아니요, 지금도 긴장돼요. 하지만 그 긴장은 이제 두렵지 않습니다. 예전처럼 피해야 할 감정이 아니라 그 긴장이 집중력을 만들어 준다는 것을 알았거든요."

마음이 떨리는 순간은 사라지지 않지만, 그 떨림을 다루는 힘은 분명히 커집니다. 저도 여전히 빨간 불이 켜지면 심장이 한 번 더 크게 뛰어요. 하지만 이제는 그 두근거림을 '내가 지금 중요한 순간에 서 있구나!'라는 신호로 받아들입니다. 당황도, 실수도, 긴장도 모두 나를 더 강하게 만드는 과정이었습니다. 그래서 저는 지금의 여러분 께 이렇게 말하고 싶습니다.

"두려움이 느껴진다면 잘하고 싶은 마음이 있다는 증거예요. 그 마음을 믿고 앞으로 한 걸음만 더 내디뎌 보세요. 그 작은 용기가 결 국 여러분을 놀라운 곳까지 데려다줄 거예요."

그래서 두려움이 밀려올 때마다 마음속으로 조용히 말해 보세요.

'이 떨림은 나를 멈추게 하는 벽이 아니라 더 큰 나를 향해 나아가

라는 신호야.'

　감정을 억누르지 말고 부드럽게 끌어안아 보세요. 그 순간 말은 단단해지고 마음은 깊어집니다. 그리고 결국 스스로도 놀랄 만큼 멀리 나아가 있을 거예요.

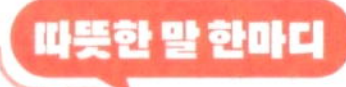

예상치 못한 순간이 찾아와도 괜찮아요. 그 순간을 다루는 여유가 결국 말을 더 아름답게 만들어 줄 거예요.

돌발 상황에 대처하는 S.M.S 법칙

① S — Situation
상황과 감정을 말하고, 필요하면 도움을 요청하세요

돌발 상황이 생기면, 숨기려 하기보다 현재 상황과 나의 감정을 짧게 말하고 필요한 도움을 요청하는 것이 가장 빠르고 안전한 해결책입니다. 자세한 설명은 청중의 불안을 줄이고, 여러분의 침착함을 더욱 돋보이게 만듭니다.

Ex. 1 - PPT 화면이 갑자기 넘어가지 않네요. 잠시만 기다려 주세요. **(상황)**

- 열심히 준비했는데 이런 상황이 오니까 저도 조금 당황스럽네요. **(감정)**

- 혹시 기술팀에서 한 번만 확인을 도와주실 수 있을까요? **(요청)**

Ex. 2 - 마이크가 갑자기 꺼졌네요. **(상황)**

- 목소리가 잘 안 들리셨을까 봐 걱정이 되네요. **(감정)**

- 혹시 관계자분 마이크 확인을 부탁드립니다. **(요청)**

2 M — Meaning
예상치 못한 상황의 의미를 새롭게 긍정적으로 해석해 보세요

뜻밖의 상황을 만났을 때 그 순간을 나에게 온 새로운 역할이라 생각하면 여유가 생깁니다. 상황을 탓하는 대신 의미를 다시 붙여 말한다면 오히려 청중이 여러분을 더욱 신뢰하게 될 거예요.

Ex.
- 리허설 때는 잘 나왔는데 지금 안 나오네요. 오늘은 여러분 얼굴을 더 보라는 신호인가 봐요.
- PPT가 갑자기 뒤로 넘어갔네요. 여러분 복습하라고 그런 것 같은데, 똑똑하시니 복습은 따로 안 하셔도 되겠죠? 앞으로 다시 넘어갈게요!

3 S — Smile
미소와 부드러운 한마디로 분위기를 풀어 보세요

유머 대신 부드러운 미소와 유머를 활용해 말한다면 현장의 분위기가 더욱 밝아지고 여유가 생길 거예요. 이때 사물을 사람처럼 의인화해 말하는 표현을 활용해 보면 좋습니다.

Ex.
마이크가 현장의 열기가 너무 뜨거워서 잠시 쉬어 가라네요. 잠시 5분 동안 쉬는 시간을 갖고 다시 시작할게요!

돌발 상황 시
S.M.S 법칙 활용하기

다음의 돌발 상황이 생겼을 때 어떤 말을 하면 좋을지 S.M.S 법칙을 활용해 말해 보세요.

- 마이크 소리가 나가지 않을 때
- 뒤에서 소음(문 소리, 휴대폰 벨소리 등)이 발생할 때
- 발표 중에 갑자기 질문이 들어와 흐름이 끊길 때
- 멘트를 순간적으로 잊어버렸을 때
- 청중의 반응이 없을 때
- 영상 · 음악 재생이 안될 때

Ex.
- 마이크가 제가 얘기를 많이 해서 그런지 잠시 쉬려 하나 봐요.
  잠시 조정해 보고 바로 이어 갈게요.

- 제 이야기에 동의한다는 반응의 소리가 들리는 것 같은데요.

- 좋은 질문 감사합니다! 설명이 길어질 것 같아서요.
  그 부분은 강의 끝난 뒤에 말씀드릴게요.

- 제가 여러분들께 집중하느라 잠깐 다음에 말할 내용을 잊어버렸네요.
  잠시만요.

- 집중하셔서 리액션을 할 시간이 없으셨죠? 지금 리액션을 할 시간을
  따로 드리겠습니다.

- 영상이 지금 잠시 준비가 필요하디고 합니다. 마음의 준비가 될 때까
  지 잠시 기다리며 다른 이야기 먼저 들려드리겠습니다.

새벽 6시, 생방송 5분 그리고 말의 온도

기상캐스터로 일하며 좋았던 점 중 하나가 있어요. 바로 다양한 방송 현장을 경험할 수 있었다는 것이죠. 어느 날, 제 날씨 방송을 본 한 라디오 PD님께서 제게 출연을 제안하셨어요. 새벽 6시에 시작하는 라디오 생방송이었는데요. DJ와 함께 날씨 이야기를 나누는 5분 남짓한 코너였죠. TV 방송과는 완전 달랐습니다. 혼자 원고를 읽는 방송이 아니라 DJ와 주고받는 쌍방향 방송을 해야 했죠. 대본이 따로 없었기에, 어떤 질문이 들어올지 매 순간이 변수였습니다. 기본적인 날씨 원고는 준비했지만, DJ의 질문에 따라 완전히 다른 이야기로 흘러가기도 했습니다.

매일 새벽 5시에 일어나 준비해야 했고, 출연은 단 5분. 1회 출연

료는 얼마였을까요? 그 당시 5천 원이었습니다. 노력에 비하면 턱없이 적다고 생각할 수도 있지만, 그 시간들이 제게 돈보다 귀한 자산이 되어 줄 것이라 믿었습니다. 라디오 DJ와 작기, PD분들로부터 배운 방송 감각과 말의 온도는 무엇과도 바꿀 수 없는 경험이었으니까요.

라디오 DJ를 하셨던 아나운서 선배님께서는 매일 시청자의 시선에서 질문을 하셨습니다. 처음에는 어떤 질문이 나올지 몰랐기 때문에 긴장을 많이 했죠. 제가 예상했던 질문이 나오지 않는 경우도 있었거든요.

"오늘 하늘이 뿌옇네요. 이게 안개인가요?"

"이건 연무인데요. 엷은 안개에 먼지가 섞여 생기는 현상이에요."

라디오 DJ의 말을 통해 말을 잘하기 위해 듣는 사람의 궁금증을 먼저 헤아리는 것이 중요하다는 것을 배웠습니다. 그 이후로 저는 설명보다 공감에 초점을 맞추기 시작했습니다.

'사람들이 무엇을 가장 궁금해할까? 어떻게 설명하면 쉽게 이해할 수 있을까? 어떻게 재미있게 말할 수 있을까?'

그 당시 방송의 마지막은 항상 '오늘의 날씨 한마디'로 마무리했는데요. 사람들에게 기억에 남는 참신한 한 문장을 전하고 싶었죠.

"오늘의 날씨 한마디는요?"

"아침엔 옅은 안개가 심술을 부리겠지만, 오후엔 화창한 햇살이 반갑게 인사하겠네요."

날씨를 사람이나 사물에 빗대어 감성적인 언어로 표현하는 법을 이 과정에서 배울 수 있었습니다.

처음엔 실수할까 봐 원고를 빼곡히 적어 읽었는데요. 완벽한 원고가 때로는 소통의 벽이 된다는 것을 느꼈습니다. 원고라는 틀에 얽매어 DJ의 질문에 제대로 반응하지 못하게 되더라고요. 제가 하고 싶은 말만 이어 가는 동문서답을 할 때도 있었습니다. 그래서 어느 순간부터는 원고에 중요한 키워드만 적어 놓고, 대화에 집중하며 말하려고 노력했습니다.

'완벽한 대본이 없어서 말 못하면 어떻게 하지?'

처음에는 불안했지만, 오히려 문장이 아닌 키워드만 적었을 때 방송이 훨씬 자연스러웠습니다. DJ와 웃으며 이야기할 수 있었고, DJ에게 원고에 없는 질문도 할 수 있는 여유도 생겼죠. 방송을 한다는 긴장감이 사람과 대화를 나누며 소통한다는 즐거움으로 바뀌었죠.

'아~ 말은 상대의 마음에 반응하는 여유가 있을 때 가장 자연스러워지는구나!'

라디오 생방송을 하며 비로소 알게 되었습니다. 말은 나만 잘하면 완성되는 기술이 아니라 서로의 마음이 만나야 비로소 살아나는 감정의 작업이라는 것을요. 대본 속 문장을 정확하게 읽는 것보다 상대의 숨결과 표정, 작은 리액션에 반응하며 말을 이어 가는 순간에 더 큰 진심이 담긴다는 사실을 깨달았습니다.

우리는 종종 '말을 잘해야 한다'는 부담 때문에 더 긴장하지만 정작 말을 편안하게 만들어 주는 것은 나의 언어가 아니라 상대의 마음에 귀 기울이는 태도였습니다. 누군가의 질문에 미소로 받아 주고, 순간의 흐름에 맞게 속도를 조절하고, 설명보다 공감 한마디를 더 얹어 주는 것. 그때 말의 온도는 자연스럽게 따뜻해집니다. 그리고 그 따뜻함이야말로 사람의 마음을 움직이는 가장 강력한 힘이라는 것을 새벽의 작은 라디오 부스에서 배웠습니다.

준비된 말이 아니어도 괜찮아요. 지금 눈앞의 사람에게 따뜻하게 반응하는 그 한마디가 대화를 더 깊고 따뜻하게 만들어 줄 거예요.

대화를 잘하는 소통의
C.R.Q 법칙

1　C — Curiosity
상대의 궁금증을 먼저 헤아리세요

DJ가 '이게 안개인가요?'라고 물을 때처럼 대화의 출발점은 내 원고가 아니라 상대의 궁금증입니다.

"사람들이 무엇을 제일 알고 싶어 할까?"

"어떤 표현이면 더 쉽게 이해할까?"

질문의 의도를 먼저 듣는 순간 대화는 자연스러워집니다.

2　R — Response
상대의 반응을 보며 말하세요

예상에 없던 질문이 와도, 표정, 웃음, 침묵 같은 작은 신호를 알아차리고 즉석에서 반응할 때 진정한 대화를 나눌 수 있게 됩니다. 미리 준비한 대본이 아니라 지금의 분위기를 읽는 순간 대화가 완성됩니다.

대화는 준비한 말을 쏟아 내는 순간 멀어지고, 상대의 말 한마디에 반응해 질문을 다시 던지는 순간 가까워집니다. 상대가 말하는 내용 속에서 작은 단서를 포착해 '그때 많이 힘들었겠다. 어떤 점이 가장 어려웠어?' 이렇게 마음을 공감해 주고 상대가 말하고 싶은 내용에 대한 질문을 꺼내면 진정한 소통이 이뤄질 거예요.

3단계 대화 리스닝 루틴 만들기

대화 루틴을 통해 상대방의 말에 귀를 기울이고 반응하는 연습을 해 보세요.

- **1단계** : 상대의 말에서 궁금증 단서 한 개 찾기

  ⇨ 누군가 오늘 있었던 일을 말하면 그중 가장 궁금한 단어 하나를 기억하세요.
- **2단계** : 단서에 대한 반응 한마디 건네기

  ⇨ 단서를 토대로 감정을 읽고 공감해 주세요.
- **3단계** : 마지막에 맞춤 질문 한 개 꺼내기

  ⇨ 상대방이 말을 많이 꺼낼 수 있는 맞춤 질문을 꺼내 보세요.

Ex. 오늘 회사에서 일이 정말 많았어.

⇨ 일이 많았구나. 정말 많이 힘들었겠다. 어떤 일이 가장 힘들었어?

두려웠던 말이 설렘으로 바뀌기 시작했습니다

웃음치료 수업에서 배운
말의 비밀

"아침 9시에 퇴근이라니 부럽다!"

SBS 기상캐스터 시절, 아침 방송을 맡았을 때였어요. 프리랜서의 특성상 방송 출퇴근 시간이 자유로운데요. 그 당시에는 새벽 4시 출근하고 아침 9시 퇴근하는 스케줄이었죠. 주변의 많은 사람들이 제 스케줄을 부러워했습니다. 하지만 새벽 방송을 맡고 불안감은 더 커졌습니다.

'아침에 못 일어나면 어떻게 하지?'

아침에 일어나지 못하면 바로 방송 사고로 이어졌기에 마음의 부담감이 컸습니다. 자기 전 시계를 세 개나 맞춰 놓고 나서야 힘들게 잠들었죠. 제대로 잠을 푹 자지 못하니 몸은 늘 무겁고 피곤했습니다. 퇴근 후에는 쪽잠으로 부족한 잠을 보충했고, 일어나면 새벽 1시쯤 됐는데 남은 시간들이 불안했습니다.

'기상캐스터를 평생 내가 할 수 없을 텐데. 이 시간을 어떻게 의미 있게 보내야 할까? 어떤 준비를 해야 할까?'

이런 고민을 계속하면서 주어진 순간의 행복을 제대로 누리지 못했습니다. 저는 늘 앞만 보며 달리느라 제대로 쉬는 법도, 스스로를 다독이는 법도 몰랐던 것 같아요. 끊임없이 자신을 채찍질하며 멈추지 못한 채 달려왔던 거죠. 부모님은 대학원 진학을 권하셨지만, 저는 다른 배움을 찾았습니다. 여성발전센터에서 진행하는 경력 단절여성 지원 프로그램들을 찾아다녔죠. 그곳에서 수학지도사, 자기주도학습지도사, 웃음치료사 자격증까지 취득했습니다.

'언젠가는 쓸모가 있겠지.'

저는 불안한 미래에 대한 작은 보험처럼 자격증을 하나둘씩 모아갔습니다. 그중에서도 웃음치료사 수업은 가장 큰 도전이었습니다. 수강생 대부분이 50~60대였기에 그분들 앞에서 수업 시연하는 일이 너무 부담스러웠고, 평소 진지한 성격이었기에 더욱 어려운 과제였습니다.

"그냥 박수 치면서 아무 생각 없이 웃어 보세요"라고 선생님께서 말씀하실 때마다 어색하고 부끄러웠습니다. 하지만 한 분이 먼저 웃기 시작하자 모두가 따라 웃게 되었죠. 억지로 시작된 웃음이었지만, 서로 웃으려 애쓰는 그 모습이 너무 재미있어서 결국 모두 진짜 크게 웃게 됐습니다.

"보글보글 짝짝, 지글지글 짝짝"

추억의 찌개 박수를 다시 배우고, 〈남행열차〉 같은 유명한 트로트 곡에 맞춰 다양한 박수법으로 분위기를 띄웠습니다. 평소 진지한 성격의 저로서는 상상도 하지 못했던 일들이었지만, 그 시간은 제 안의 긴장을 풀어 주는 새로운 경험이었습니다. 그때 지도해 주신 웃음치료사 선생님께서 자주 하시던 말씀이 있습니다.

"행복해서 웃는 게 아니라 웃어야 행복해집니다."

미래에 대한 걱정으로 마음의 여유를 잃고 있던 제게 먹구름 뒤의 햇살과 같은 시간이었습니다. 또 웃음치료사 선생님께서는 언제나 빨강, 파랑, 노랑처럼 선명하고 밝은색의 자켓을 입으셨는데요. 자켓의 위쪽에는 늘 코르사주를 달아 포인트를 주셨고, 입꼬리가 귀에 닿을 만큼 환하게 웃으시며 수강생들에게 행복한 에너지를 가득 전해 주셨죠. 그 모습을 보며 깨달았습니다.

'선생님께서도 항상 행복한 일만 있는 건 아니실 텐데, 이게 진짜 프로의 자세구나!'

선생님으로부터 강사로서 어떤 상황에서도 흔들리지 않는 프로 정신을 배울 수 있었습니다. 그리고 언젠가 저도 밝은 에너지로 청중에게 웃음과 행복을 선물하는 사람이 되고 싶다는 꿈을 갖게 되었습니다.

웃음치료사 자격증을 취득한 얼마 뒤, SBS 기상캐스터 동료들과의 연말 회식에서 그 배움을 실전에 써 볼 기회가 찾아왔습니다. 조금 더 뜻깊은 시간을 만들고 싶어 자진해서 이벤트를 기획했고, 사회까지 맡았습니다.

"제가 여러분을 즐겁게 해 드리기 위해 웃음치료사 자격증을 취득했습니다. 그때 배운 것들을 나누고 싶어 제가 오늘 행사를 기획해 봤어요. 먼저 수명이 더 늘어나는 건강 박수 하나 알려 드릴게요."

그 말을 시작으로 함께 건강 박수를 치며 웃음을 선물했습니다. 함박웃음으로 분위기가 밝아졌고 제 마음도 환해졌습니다. "덕분에 연말 회식이 정말 즐거웠어요!", "윤정 씨의 색다른 면을 봤네요" 등 부서의 부장님과 선배님들로부터 색다른 칭찬의 말을 들을 수 있었죠.

그 이후로 기상청의 포럼과 세미나, 기업 준공식, 음악회 등 다양한 무대에서 사회를 볼 때마다 웃음치료사 교육에서 배운 것들이 큰 도움이 되었습니다. 청중의 긴장을 풀고, 분위기를 부드럽게 이끌 수 있는 방법을 터득하게 된 거죠. 그 당시 주변 사람들은 저를 만날 때마다 이런 질문을 했어요.

"요즘 또 뭘 배워?"

"그걸 배워서 어디에 쓰려고?"

저는 어떤 배움이든 배움은 영양가 있는 음식처럼 자신을 건강하게 만드는 것이라고 생각합니다. 시간이 지나며 한 가지를 더 깨달았습니다.

'배운 것 자체가 자신을 성장시키기도 하지만, 그 배움을 말로 나눌 때 비로소 진짜 가치 있는 것이 되는구나!'

많은 사람들이 표현을 다듬고, 구조를 세우고, 목소리를 다지는 것이 말하기의 전부라고 생각합니다. 물론 그것도 중요한 요소일 수 있지만, 말의 핵심은 결국 상대의 마음을 움직이는 힘에 있습니다. 사람들은 완벽한 말보다 따뜻한 말, 논리적인 설명보다 진심이 담긴 말 앞에서 마음을 엽니다. 웃음치료 수업에서 배운 것도 결국 이 하나였습니다.

'사람은 진심이 느껴질 때 웃고, 공감할 때 편안해진다.'

그 이후로 말하기 연습을 할 때 '내가 얼마나 잘 말하는가'보다 '내 말이 상대의 마음을 조금이라도 편안하고 가볍게 해 주고 있는가'를 먼저 생각하게 됐습니다. 그 깨달음은 제 안의 언어를 바꾸었고, 제 삶의 결까지 바꾸어 놓았습니다.

따뜻한 말 한마디

여러분의 말 한마디가 누군가의 마음을 가볍게 밝히는 빛이 될 수 있어요. 그 한마디가 마음의 온기를 전하고 다시 걸어갈 힘을 만들어 줄 거예요.

무대를 밝히고 청중을 참여시키는 E.A.M 법칙

① E — Energy
먼저 밝은 에너지를 전해 보세요

말하는 사람의 표정과 톤은 청중에게 그대로 전해집니다. 미소 하나, 부드러운 첫 문장 하나로 분위기의 기준이 정해집니다. 먼저 여유와 따뜻함을 보여 주면 청중은 자연스럽게 긴장을 풀고 마음을 엽니다. 무대는 결국 '내가 어떤 에너지로 서 있는가'를 그대로 반영하는 거울과 같습니다.

Ex. 여러분, 오늘 들어오실 때 표정이 정말 따뜻하시네요. 만나서 너무 반갑습니다!

박수 한 번, 손가락 들기처럼 누구나 즉시 할 수 있는 행동이 분위기를 밝게 만들어 줍니다. 작은 참여가 모이면 청중은 관객에서 참여자로 전환됩니다. 처음부터 큰 요구를 하기보다 부담 없는 작은 움직임으로 참여를 유도하는 것이 중요합니다.

Ex. 여러분, 지금 오른손 엄지로 '좋아요' 한 번만 들어 볼까요? 네, 너무 좋습니다!

사람은 완벽한 사람에게서가 아니라 나와 비슷한 결을 가진 사람에게서 신뢰를 느낍니다. 짧은 실수담을 말할 때 청중의 마음속 문이 열립니다.

Ex. 저도 예전에 새벽 방송 준비하려고 시계를 세 개 맞춰 놓고 잤던 적이 있어요. 그때처럼 불안하고 긴장됐던 순간 여러분도 있으시죠?

따뜻한 칭찬 멘트 만들기

청중에게 먼저 밝은 에너지를 전하는 칭찬 멘트를 만들어 보세요.

- -

Ex.

- 여러분의 열정에 체감 온도가 쑥쑥 올라가고 있는데요.
  계절은 겨울이지만 이곳은 따뜻한 봄날 같네요.

- 배움에 대한 열정으로 세상에서 가장 무거운 자기 자신을
  들어올리신 멋진 분들, 칭찬의 박수를 선물로 드립니다.

- 사람을 사랑하는 따뜻한 마음이 가득한
  여러분들과 함께 할 수 있어서 영광입니다.

나만의 이야기가
누군가의 길이 된다

"혹시 대학생들 대상으로 진로 특강 강의 가능할까요?"

SBS 기상캐스터 시절, 한 대학교에서 강연 제안을 받았어요. 솔직히 부담이 많이 됐습니다. 지식을 전달하는 강의가 아니라 한 번도 해 본 적 없는 인생의 이야기를 들려주는 강연이었기에 더욱 어렵게 느껴졌죠.

'SBS 기상캐스터라고 학생들이 기대를 많이 할 텐데, 실망하면 어쩌지?'

걱정이 많이 돼서 제안을 받아들이기까지 고민이 많았어요. 하지만 도전을 통해 성장할 수 있다는 믿음으로 강연을 하기로 결심했습니다.

'대학생들에게 어떤 이야기를 들려줘야 도움이 될까?'

정말 막막하더라고요. 그동안은 배운 것을 나누는 지식 전달 강의만 했고, 제 이야기를 많은 사람들 앞에서 나눈 적이 없었거든요. 처음에는 김연아, 박지성 선수 등 유명한 사람의 사례를 찾아 그들이 어려움을 어떻게 극복했는지 조사해 원고를 썼습니다. 그러다 문득 이런 생각이 들었습니다.

'이런 이야기는 나 말고도 누구나 할 수 있는 이야기인데. 학생들이 이미 들어 봤을 수도 있는데. 어떤 이야기를 해야 할까?'

그 순간 깨달았죠.

'그래! 내가 해야 할 이야기는 바로 나 자신의 이야기구나!'

그래서 저는 대학 시절을 떠올리며 그때 제가 했던 고민을 떠올렸습니다.

'난 무엇을 잘할까? 무엇을 좋아할까? 어디에 취업해야 즐겁게 일할 수 있을까? 어떻게 준비해야 하지? 어떤 공부를 먼저 해야 하지? 불안은 어떻게 이겨 내야 하지? 실패하면 어떻게 하지?'

그 고민들을 마주하며 스스로 물었습니다.

'그때 나로 되돌아간다면 지금의 내가 어떤 말을 들려주면 좋을까?'

그 질문을 떠올리자 제 인생 속 여러 장면들이 스쳐 지나갔습니다. 대학교 때 방황하던 시절의 이야기, 파충류 전시회 사회자를 했던 경험, 수능을 다시 보고 대학에 들어간 늦은 도전의 순간들. 이 모든 이야기가 학생들에게 위로와 용기를 줄 수 있겠다는 확신이 들었습니다.

'기상캐스터였던 경험을 어떻게 강연과 연결시킬 수 있을까?'

그때 번뜩이는 아이디어가 떠올랐습니다.

'인생과 날씨는 닮아 있으니 비유로 이야기를 해 보자!'

그래서 강연의 제목을 '열정의 온도를 높여라'로 정했고, 다양한 날씨와 인생의 비유로 메시지를 전했습니다. 예를 들면 미래에 대한 불안을 해소하는 방법으로 안개에 대한 비유를 활용했습니다.

"여러분, 안개가 잘 생기는 시기가 언제일까요? 봄과 가을이죠. 왜 생길까요? 맑은 날, 아침과 낮의 일교차가 클 때 생깁니다. 그렇다면 안개는 언제 사라질까요? 해가 뜨고 기온이 오르면 사라지죠. 여러분의 삶에도 짙은 안개가 끼어서 미래가 잘 보이지 않고 불안하지 않나요? 불안은 이상과 현실의 온도 차가 클 때 생깁니다. 그렇다면 해결책은 간단하죠. 이상적인 목표를 조금 낮추거나 현실의 능력을 끌어올려 온도 차를 줄이는 것인데요. 기온이 오르듯 삶의 열정의 온도를 높이면, 여러분의 앞날에 짙은 안개가 사라지고 미래에 대한 시야가 탁 트일 거예요."

강연의 마지막에는 당근, 달걀, 커피 가루 이야기를 들려줬습니다.

"뜨거운 물에 넣으면 당근은 물러지고, 달걀은 단단해지고, 커피 가루는 물 속에 녹아 풍미 가득한 커피가 됩니다. 여러분! 시련을 만났을 때 당근처럼 약해지지 말고, 달걀처럼 단단해졌으면 좋겠습니다. 그리고 커피 가루처럼 그 시련 속에 녹아들어 사람들에게 향기를 전하는 삶을 살아가셨으면 좋겠습니다. 오늘은 흐릴지라도 여러분의 내일은 맑음입니다.”

비유는 낯선 개념을 친근하게 풀어 주는 설득의 언어입니다. 하지만 좋은 비유는 단번에 떠오르지 않죠. 오랜 시간 동안 고민하고 몰두해야 떠오르는 영감의 산물입니다. 참신한 비유를 잘 활용하기 위해서 제가 하는 것은 일상을 낯설게 바라보는 연습입니다.

“ 인생은 (   )이다! 이 문장을 완성해 보세요.”

저는 이런 질문을 많이 하는데요. 이때 이런 답변이 많이 나옵니다.

“인생은 길, 연극, 드라마, 롤러코스터와 같습니다.”

하지만 진짜 참신한 비유는 다르게 생각하는 역발상에서 나옵니다. 그래서 주변을 관찰해 사물과 인생을 연결 지어 공통점을 생각해 봅니다.

‘형광등과 인생? 컵과 인생? 공통점은 없을까? 아, 인생은 형광등이다! 어둠을 비추는 빛처럼 누군가의 삶을 밝혀 주는 존재가 되는 것이 의미 있는 인생이니까!’

‘인생은 컵이다! 삶의 갈증을 해소할 무언가를 담으며 성장해 가기 때문이니까.’

이렇게 사물을 낯설게 바라보기 시작하면 말에도 깊이가 생기게 됩니다. 다른 표현들을 발견했을 때 숨겨진 보물을 발견한 것처럼 기쁘고 뿌듯합니다. 낯선 표현들을 연구하면 여러분의 언어 세계가 확장될 뿐만 아니라 생각도 확장되면서 삶이 변화가 시작될 거예요.

강연을 준비하던 당시 불안해서 원고를 써서 달달 외우며 연습을 정말 많이 했습니다. 매일 앉아서 연습하고, 서서 연습하고, 제스처를 써가며 연습하고, 기상캐스터 면접을 준비할 때보다 더욱 열심히 연습했던 것 같아요. 마음에 확신이 들 때까지 반복 연습을 했던 거죠. 잘 떠오르지 않고, 부자연스러운 부분은 집중적으로 연습했습니다. 그 과정이 쌓이고 쌓이자 조금씩 마음속에 자신감이 자랐습니다.

그러다 보니 강연 당일 잘하려고 하는 마음이 앞서 긴장이 많이 됐습니다. 하지만 초롱초롱한 눈빛으로 제 이야기를 경청해 주는 학생들의 모습을 보니 불안이 사라지고 설렘이 점점 커졌습니다.

'잘하려고 하기보다 내 진심 어린 이야기를 전하자!'

마음 한편에서 이런 생각이 들었고, 강연에 더 몰입할 수 있게 됐습니다.

'이게 바로 강연의 기쁨이구나! 나의 이야기가 누군가에게 도움이 될 수 있구나!'

그날 이후 결심했습니다.

'앞으로 삶의 어려움을 극복하며 스토리를 많이 만들고, 그것을 나눌 수 있는 강연가로 성장하자.'

지금도 힘든 일이 생기면 스스로 이렇게 말합니다.

'이것은 나의 인생 스토리를 만든 과정이야. 언젠가 이 이야기가 누군가의 길이 될 거야. 그렇다면 이 시련 속에서 절망보다 배움을 찾자.'

강연의 과정 속에서 삶을 바라보는 태도가 바뀌게 됐어요. '힘든 순간이 발자국이 되어 누군가의 길잡이가 되어 줄 수 있겠구나! 때로는 나의 눈물이 다른 사람의 용기가 될 수도 있겠구나! 모든 경험이 누군가에게 닿는 하나의 길이 될 수 있겠구나!' 하는 관점을 갖게 되니 평범했던 일상이 의미 있게 다가오더라고요.

여러분의 하루하루도 의미 없는 날은 없어요. 오늘의 작은 실패 그리고 오늘의 작은 용기가 누군가에게는 길이 되어 줄 거예요. 나의 이야기가 누군가의 길이 된다는 그 믿음이야말로 우리가 인생이란 길을 계속 걸어갈 이유이자 삶을 아름답게 만들어 주는 가장 따뜻한 힘입니다. 진심을 전하기 위해 필요한 것은 먼저 자신의 이야기를 인정하는 것입니다. 완벽한 인생은 없죠. 우리의 삶이 불완전하기에 더 아름답습니다. 삶의 상처와 실패, 시행착오를 부끄러워하지 않고 그것을 표현할 때 이야기는 정보가 아닌 용기가 되고, 설명이 아니라 위로가 됩니다.

또 말이 깊어지려면 내가 경험한 감정의 결을 정확히 바라보는 연습이 필요합니다. 어떤 장면에서 나는 무엇을 느꼈는지, 무엇이 힘들었고, 무엇을 배웠는지 감정의 결을 선명하게 이해한 사람이 말할 때, 청중은 그 사람의 말에서 '나도 그런데' 하고 공감하며 마음을 열게 됩니다.

그리고 무엇보다 중요한 것은 말을 통한 연결입니다. 말의 목적이 내가 잘 보이는 것이 아니라 상대에게 도움이 되길 바라는 마음으로 향할 때, 그 말은 자연스럽게 마음으로 흘러들어가게 되죠. 여러분이 겪는 하루의 사건, 감정, 작은 깨달음들이 언젠가 누군가에게 위로와 용기가 되고 길이 되는 순간이 찾아올 것입니다.

따뜻한 말 한마디

여러분의 하루하루에서 의미 없는 날은 없어요. 오늘의 작은 실패 그리고 오늘의 작은 용기가 누군가에게는 길이 되어 줄 거예요.

강연 스토리를 만드는
C.I.M 법칙

1 C — Confession
숨기고 싶었던 과거를 고백해 보세요

숨기고 싶은 실패, 흔들림, 방황까지 담담하게 꺼내 보세요. 고백은 약점이 아니라 연결의 출발점입니다. 그 한마디가 청중의 마음을 열게 만듭니다.

Ex. 사실 저는 발표가 좀 두려웠습니다. 떨리는 목소리가 들릴까 걱정되고, 시선이 모두 나에게 쏠리는 순간 숨이 막히곤 했어요. 하지만 오늘 그 두려움부터 솔직히 고백하며 한 걸음 나아가 보려 합니다.

2 I — Insight
사건이 아니라 깨달음을 말해 보세요

스토리의 핵심은 사건 자체가 아니라 그 안에서 느낀 감정과 배운 점입니다. 그 순간 무엇이 두려웠는지, 무엇이 나를 붙잡았는지, 어떤 깨달음이 삶의 방향을 바꾸었는지를 말해 보세요. 감정의 결이 선명할수록 청중은 '나도 저랬어' 하고 공감하게 되고, 깨달음은 자연스럽게 변화의 방향으로 흘러갑니다.

Ex. 그때 저는 '혹시 실패하면 어떡하지?' 하는 두려움이 가장 컸어요. 그런데 시간이 지나고 보니 제가 정말 두려워했던 것은 실패가 아니라 누군가에게 실망을 줄까 봐 걱정하는 마음이었더라고요. 그것을 깨닫는 순간 저는 처음으로 제 자신을 위해 선택할 수 있게 됐습니다.

③ M — Metaphor
비유를 활용해 메시지를 만들어 보세요

비유는 복잡한 메시지를 단숨에 이해시키고, 말에 따뜻한 온도를 부여합니다. 안개, 달걀, 커피 가루처럼 일상의 이미지를 사용하면 말은 설명이 아니라 그림이 되어 가슴에 남습니다.

Ex. 기온이 오르면 안개가 걷히는 것처럼 열정의 온도가 올라가면 여러분의 앞날도 밝아질 거예요.

나만의 비유 만들기

'인생은 ○○이다'에서 ○○에 어떤 단어를 넣고 싶나요? 인생에서 인상 깊었던 순간을 떠올려 보시고 그 순간을 표현할 수 있는 비유 한 가지를 만들어 보세요.

Ex. - **인생은 컵이다.**

삶의 갈증을 해소할 무언가를 채우며 성장시키기 때문이다.

- **인생은 김치다.**

시간이 지나며 천천히 익어가는 김치처럼 기다림 속에서 자신만의 맛이 완성되기 때문이다.

- **인생은 단풍이다.**

단풍이 시간이 흐르며 아름다운 색을 입듯 인생도 사람도 시간이 흐르며 저마다의 빛깔로 물들기 때문이다. 그 변화 자체가 아름다운 삶이다.

- **인생은 향수다.**

나만의 향기는 억지로 만드는 게 아니라 살아온 길과 선택이 쌓여 자연스럽게 만들어진다. 그 향기로 주변에 좋은 영향력을 전하는 것이 의미 있는 삶이라 생각하기 때문이다.

무대를 두려워한 내가
기회를 끌어당긴 비밀

"행사 사회를 맡아 주실 수 있을까요?"

기상청 행사는 제게 사회자라는 신세계를 경험하게 만들어 주었습니다. 기상청에서 열리는 크고 작은 행사들이 참 많았는데요. 그때 기상캐스터들에게 사회자의 기회를 주셨죠. 제가 사회자의 기회를 얻게 된 비결은 교육과 간담회가 있을 때마다 손을 번쩍 들고 많이 참여했기 때문이었습니다. 프리랜서라서 필수 교육은 아니었지만, 다양한 분야의 사람들과 소통하면 배울 점이 많아서 좋았습니다.

교육이 끝나면 기상청 직원분들과 함께 식사하는 시간이 있었는데요. 어느 날 기상청 직원분께서 기상청에서 열리는 포럼의 사회를 요청하셨습니다. 기상청에서 행사 사회자 제안을 받았을 때 기뻤지만, 많이 망설였습니다.

'과연 내가 잘할 수 있을까? 방송과 다른데 실수하면 어쩌지? 지금까지 쌓아 왔던 좋은 이미지에 오히려 마이너스가 될 수 있을 텐데.'

그때 저는 기회보다 두려움을 먼저 떠올렸습니다. 또 다른 마음 한편에서는 이런 말이 들렸습니다.

'윤정아~ 두렵지만 일단 도전해 봐! 그 자리에서 배울 게 많을 거야. 그게 성장이지!'

그렇게 저는 용기를 내어 첫 사회를 맡았습니다. 행사 원고를 한 일주일 전에 받게 됐는데 많은 고민을 하게 됐어요.

"안녕하십니까? 오늘 진행을 맡은 SBS 기상캐스터 최윤정입니다."

시나리오에 있는 뻔한 시작은 마치 어색한 정장을 억지로 입은 것 같은 느낌이 들었습니다. 그래서 용기를 내어 관계자에게 조심스럽게 물었습니다.

"혹시 원고를 제가 좀 더 편하게 말할 수 있도록 바꿔도 괜찮을까요?"

"큰 틀을 벗어나지 않는 선에서 살짝 바꿔 주셔도 돼요."

주어진 원고를 보고 말하면서 최대한 자연스럽게 그리고 저만의 언어를 활용해 수정하려고 노력했습니다.

'어떻게 좀 더 따뜻한 말로 이 행사의 분위기를 밝게 만들 수 있을까?'

　고민 끝에 기상캐스터의 직업을 살려 날씨 오프닝 멘트로 행사를 시작했습니다.

　"오늘 포럼이 열리는 이곳, 정말 화창한 날씨네요. 여러분의 뜨거운 열정 덕분에 체감온도가 계속 올라가고 있는데요. 마치 짙은 안개가 걷히듯 미래에 대한 우리의 시야도 환하게 트이는 것 같습니다."

　사람들의 반응은 어땠을까요? 날씨 예보로 시작하니 딱딱했던 분위기가 한순간에 부드러워졌어요. 사람들 얼굴에 미소가 번지는 것을 보니 뿌듯했습니다. 하지만 그때는 정말 다리가 후들후들거리고 식은땀이 나기도 했습니다. 사회를 보며 터득한 저만의 무대에서 마음을 다스리는 방법 세 가지가 있습니다.

　첫 번째는 행사 한 시간 전에 도착해서 낯선 공간을 내 공간으로 만드는 시간을 가져요. 사회자 자리에 서서 마이크도 만져 보고, 빈 객석을 바라보며 상상 속 청중들과 눈을 맞춰 봅니다. '저기 앉으실 분은 환하게 웃고 계시겠지? 여기 계신 분은 고개를 끄덕이며 공감해 주시겠지?' 이렇게 따뜻한 상상을 하면 마음이 한결 편해집니다.

　두 번째로는 나에게 다정한 말을 건네는 거예요.

　'이렇게 좋은 자리에 설 수 있는 기회가 참 감사해! 오늘 이 시간을 모두에게 의미 있고 따뜻한 시간으로 만들어 보자!'

　이런 다정한 말을 스스로에게 속삭여 주면, 긴장이 누그러집니다.

세 번째는 낯선 사람과 작은 대화를 나누는 거예요. 일찍 가서 먼저 청중에게 다가가 인사를 나누고 짧은 대화를 해요. 친밀감을 먼저 쌓으면 무대에 올라가는 것이 한결 편안해집니다. 그리고 미리 인사를 나눴던 분들을 먼저 바라봅니다. 그러면 대부분 저를 보고 미소를 지어 주세요. 그 미소가 제게 보내는 든든한 응원처럼 느껴지죠.

사회를 보다 보면 정말 예상치 못한 일들이 많이 생깁니다. 특히 어려웠던 것은 축사나 인사 말씀 뒤의 멘트였어요. 원고에는 "좋은 말씀 감사합니다. 큰 박수 부탁드립니다"라고만 써 있는데, 진심 어린 말씀 뒤에 이런 뻔한 멘트만 반복하니 너무 차갑게 느껴지더라고요. 그래서 찾아낸 저만의 방법이 있습니다.

먼저 축사나 인사 말씀하시는 분들의 말씀을 잘 경청한 뒤, 그분들의 말씀 중 인상 깊었던 말들을 기록합니다. 그리고 말씀 뒤에 인상 깊었던 한마디와 나의 감정과 생각을 말하며, 청중에게 예스(Yes)를 이끄는 공감 질문을 하죠. 그리고 따뜻한 메시지를 전합니다.

"○○○님께서 하신 '이 자리가 더 나은 기상서비스의 출발점이 되었으면 합니다'라는 말씀이 정말 가슴에 와닿았는데요. 저도 그런 의미 있는 시간이 되리라 확신합니다. 말씀을 듣고 마음이 따뜻해지셨죠? 다시 한번 큰 박수 부탁드립니다."

현장 애드립을 잘할 수 있는 비결은 경청에서 나온다는 것을 경험을 통해 배웠습니다.

또한 가장 정성스럽게 준비하는 부분은 마무리 멘트에요.

'어떻게 하면 집에 돌아가시는 길에도 따뜻한 온기를 전할 수 있을까?'

고민을 많이 합니다. 그래서 평소에 감동 받았던 문장들을 모아 두었다가 상황에 맞게 들려드렸죠.

 한번은 박노해 시인의 〈다시〉라는 시를 담아 두었다가 클로징 멘트에 활용한 적이 있었습니다.

"'희망찬 사람은 그 자신이 희망이다. 길 찾는 사람은 그 자신이 새 길이다', 박노해 시인의 〈다시〉라는 시에 이런 구절이 있습니다. 오늘 이 자리에서 만난 희망찬 여러분이 바로 우리의 희망이에요. 길을 찾아 모이신 여러분 한 분 한 분이 새로운 길이 되실 거라고 믿습니다. 이런 마음에 공감하신다면 따뜻한 박수로 응답해 주시면 감사하겠습니다."

참신한 멘트를 했을 때 청중들의 반응이 확실히 달라지는 것을 느낍니다. 좋은 문장을 발견했을 때 그 설렘을 나누어 드리는 기쁨, 그것이 바로 제가 무대에 서는 이유가 되었습니다.

무대에서 기회는 어느 날 갑자기 찾아오는 행운이 아니라 두려움을 넘어선 마음의 온도에서 시작된다는 것을 깨달았습니다. 잘하려고 애쓰던 마음을 내려놓고 진심으로 사람들의 눈을 바라본 순간 무대는 두려움의 공간이 아니라 따뜻한 대화의 장이 되었습니다.

'아~ 두려움보다 설렘을 선택하는 순간 기회를 끌어당길 수 있구나!'

저는 사회자의 경험을 통해 이 문장을 마음에 새겼습니다.

무대 경험이 쌓일수록 말을 잘한다는 것이 상대에게 닿게 말하는 것이라는 사실을 깨달았습니다. 또한 말 잘하는 사람에게 세 가지 공통적인 태도가 있다는 것도 알았습니다.

첫째, 듣기입니다. 상대의 표정과 호흡을 읽으며 말의 방향을 조정합니다. 둘째, 정리입니다. 말할 흐름을 단어나 장면, 순서로 정리하면 불안이 사라지고 말은 자연스럽게 흐릅니다. 셋째, 진심입니다. 사람은 따뜻한 한 문장의 결을 더 오래 기억합니다. 그래서 저는 오늘도 다짐합니다.

'두려움 대신 경청하고 따뜻한 마음으로 진심을 다해 말하자!'

따뜻한 말 한마디

두려움을 넘어 진심으로 말할 때 그 무대는 누군가의 마음을 비추는 가장 따뜻한 공간이 될 거예요.

무대를 따뜻하게 만드는
사회자의 3가지 기술

① A — Arrange
내 입말에 맞게 원고를 다듬어 보세요

사회자에게 가장 중요한 것은 남의 말이 아니라 내 입말입니다. 딱딱한 원고를 그대로 읽으면 부자연스러워지고 자신의 입말로 바꾸면 청중은 훨씬 편안하게 다가옵니다.

Ex. 포럼을 시작하겠습니다.

⇨ 오늘 이 자리가 새로운 생각이 열리는 뜻깊은 자리가 되길 소망합니다.

② C — Connect
진행 순서 사이에 청중과 교감하세요

사회자는 주어진 대본만 읽는 것이 아니라 청중과 교감하는 것이 중요합니다. 순서와 순서 사이에 사회자가 무대와 청중의 반응을 보고 느낀 감정을 공유해 주시고, 함께 소통한다면 행사가 더욱 빛나겠죠?

- -

Ex.　- 방금 ○○○님의 말씀 중 함께 성장한다고 말씀하신 부분이 참 따뜻했죠. 여러분도 공감되셨나요? 여러분도 들으면서 마음이 조금 밝아지지 않았나요? 그렇다면 박수 한 번 부탁드립니다.

- 지금 표정들이 한결 밝아지셨네요. 다들 즐거우시죠?

③ E — Encourage
청중과 따뜻한 말로 소통하세요

사회자가 전하는 따뜻한 말 한마디가 행사 전체의 온도를 바꿉니다. 청중에게 경청, 칭찬, 감사, 공감, 응원, 격려 등을 선물해 보세요.

- -

Ex.　- 여러분의 큰 박수 소리와 함께 열기가 더해지고 있네요. 감사합니다.

- 여러분의 한 걸음이 누군가에게 큰 용기와 희망이 될 거예요.

- 인생의 따뜻한 봄 햇살을 가득 만끽하시길 응원합니다.

나만의 언어 수집
노트 만들기

하루 동안 마음에 닿은 문장을 적고, 그중 한 문장을 인용한 뒤 자신이 느낀 감정과 생각, 메시지를 덧붙여 말해 보세요.

Ex. 안도현 시인의 〈우리가 눈발이라면〉 시에 이런 구절이 있습니다.

'우리가 눈발이라면 잠 못든 이의 창문가에서는 편지가 되고, 그이의 깊고 붉은 상처 위에 돋는 새살이 되자.'

이 구절을 읽고 가슴이 뭉클했습니다.

'아, 따뜻한 말 한마디가 누군가의 상처 위에 새살이 돋게 할 수도 있겠구나.'

오늘 이 자리가 누군가의 마음을 다독이고 희망을 선물하는 따뜻한 시간이 되었으면 좋겠습니다.

04

결혼식에서 전한
특별 날씨 예보

"결혼식 사회를 맡아 주실 수 있을까요?"

기상캐스터로 일하던 시절, 지인들로부터 이런 부탁을 자주 받았습니다. 주례 없는 결혼식이 많아서 사회자의 역할이 정말 중요했거든요. '결혼식 사회를 잘 볼 수 있을까?' 막막했습니다. 신랑 신부 측에서 '결혼식장 기본 원고가 있으니 이대로만 하면 돼요'라고 했지만, 그 원고를 그대로 읽는 사회자가 되고 싶지는 않았습니다.

'결혼식이라는 성스럽고 아름다운 순간에 형식적인 멘트만 해도 될까? 두 사람의 특별한 사랑 이야기를 더 아름답게 전할 수는 없을까? 이왕 하는 거 정말 세상에 하나뿐인 사회 멘트를 만들어 보자!'

처음에는 결혼식 사회자 소개 멘트를 정말 길게 썼어요. SBS 기상캐스터라는 나의 직업 이야기, 이 자리에 서게 된 계기, 사회자의 현재 감정 등… 그런데 원고를 쓰면서 '아차!' 싶었어요.

'잠깐, 지금 내가 뭘 하고 있는 거지? 결혼식의 주인공은 신랑 신부인데, 왜 내가 주연이 되려고 하고 있지?' 제 역할은 무대 위 주인공들을 더욱 빛나게 도와주는 조연이었는데 제가 빛나려고 애쓰는 것 같아서 반성했습니다. 그래서 자기소개는 간단히 줄이고, 온전히 신랑 신부를 주인공으로 만들기 위한 멘트로 바꿨습니다. 특별히 신랑 신부를 위한 결혼 날씨 예보도 준비했습니다.

"신랑 신부의 따뜻한 사랑과 열정 덕분에 올 겨울 가장 강력한 한파도 물러났습니다. 두 분의 빛나는 외모 때문에 눈을 뜨기 힘들 정도인데요. 혹시 눈이 부신 분들은 선글라스를 준비하시는 게 좋겠습니다."

이렇게 시작하면 웃음이 터져 나왔지만, 뭔가 아쉬웠습니다. 그래서 결혼식 전에 신랑 신부와 인터뷰를 진행했어요.

결혼식 인터뷰

❶ 처음 어떻게 만나게 되셨나요?

❷ 언제 사랑을 확신하셨나요?

❸ 서로를 부르는 특별한 애칭이 있나요?

인터뷰를 진행한 뒤 만든 결혼 날씨 예보는 특별했어요.

"이 두 분의 첫 만남은 2008년 직장에서였습니다. 과장님과 신입 사원이었던 그들, 신랑은 너무나 눈부신 신부를 보고 첫눈에 반했지만, 너무 예뻐서 오히려 다가가기가 어려웠다고 해요. 하지만 드라이브를 좋아하는 신부를 위해 기꺼이 전속 기사가 되어 전국 곳곳을 함께 달렸습니다. 특히 미시령 고개를 넘으며 쏟아지는 별빛 아래에서 '너의 별이 되어 줄게'라고 수줍게 고백했다고 하네요. 매번 만날 때마다 꽃 한 송이씩 선물하며 마음을 전한 신랑의 진심에 신부도 마침내 마음을 열었습니다. 참고로 신부는 이제 꽃다발 대신 현금 다발을 받고 싶다고 하니, 신랑은 참고하시길 바랍니다.

책과는 거리가 멀었던 신랑이지만, 독서를 좋아하는 신부를 위해 한 달에 두 권씩 책을 읽으며 독서토론회를 갖기로 약속했답니다.

그리고 설거지와 빨래는 전담하겠다고 굳게 다짐했으니 앞으로의 행보가 정말 기대됩니다.”

왜 이 이야기가 특별하게 들릴까요? 바로 구체적인 에피소드가 있기 때문입니다. ‘드라이브를 좋아하는 커플’이라고 하면 평범하지만, ‘미시령 고개를 넘으며 쏟아지는 별빛 아래’라고 하면 그 장면이 눈앞에 그려지죠. 그리고 “너의 별이 되어 줄게”라는 실제 대화를 인용하면, 그 순간의 설렘까지 고스란히 전해집니다. 세상에는 드라이브를 즐기는 커플이 수없이 많지만, 미시령 고개 별빛 아래에서 그런 말을 주고받은 커플은 아마 이들뿐일 거예요. 바로 이런 작은 디테일이 평범한 이야기를 특별하게 만드는 마법입니다.

결혼식 사회를 보는 것은 정말 축복받은 일입니다. 사랑에 빠진 두 사람의 따뜻한 에너지가 고스란히 전해져 저도 행복해지거든요. 결혼식 사회를 맡으며, 말을 잘한다는 것은 결국 내가 주인공이 되는 것이 아니라 상대를 주인공으로 빛나게 하는 일임을 깨달았습니다. 상대의 이야기를 진심으로 듣고 그 마음을 언어로 전달할 때 그 무대는 가장 따뜻한 사랑의 예보가 되겠죠?

따뜻한 말 한마디

진심은 상대의 마음을 향한 따뜻한 관심에서 나옵니다. 그 마음이 담긴 말은 누군가의 인생에서 가장 소중한 순간을 더 오래 기억되게 만들 거예요!

따뜻한 사회자의 S.C.S 법칙

❶ S — Scene
장면이 그려지는 스토리를 담으세요

말은 정보를 전달하지만, 스토리는 감정을 전달합니다. 청중이 눈을 감았을 때 장면이 떠오를 수 있어야 합니다. 구체적인 이미지와 대화를 담은 이야기를 전해야 마음이 움직입니다.

Ex. 특히 미시령 고개를 넘으며 쏟아지는 별빛 아래에서 '너의 별이 되어 줄게'라고 수줍게 고백했다고 하네요. 매번 만날 때마다 꽃 한 송이씩 선물하며 마음을 전한 신랑의 진심에 신부도 마침내 마음을 열었습니다.

② C — Courtesy
주인공을 높여 주세요

무대의 진짜 주인공은 사회자가 아니라 행사의 주인공입니다. 사회자는 조연이지만, 그 조연의 말이 주인공을 더 빛나게 만들 수 있는 조명이 됩니다. 어떤 무대든 사람의 이야기를 중심에 두고 존중의 시선을 담는다면 무대의 분위기가 따뜻해집니다.

Ex. 신랑의 진심과 애정, 신부의 따뜻한 배려가 가득 느껴집니다.

③ S — Special
그날만의 특별한 멘트를 만드세요

자주 듣는 식상한 멘트는 기억되지 않습니다. 하지만 그날의 사람과 상황에 맞는 특별한 한 문장은 오래 남습니다. 기상캐스터의 날씨 예보를 결혼식 멘트로 녹였던 것처럼 여러분의 개성과 감성을 담은 맞춤형 멘트를 준비해 보세요.

Ex. 두 사람의 앞날에 봄의 새싹 같은 희망,
여름의 풍성한 신록처럼 자라는 성장,
가을의 황금빛 벼처럼 맺히는 결실,
그리고 겨울의 첫눈처럼 다시 찾아오는 설렘이
평생 가득하시길 진심으로 축복합니다.

보이는 장면으로
감정을 표현해 보기

주변 지인들을 떠올리며 '착하다', '센스 있다', '부지런하다' 같은 추상적 표현 대신 언제(시간), 어디서(장소), 무엇(행동)을 포함한 문장으로 표현해 보세요.

Ex. **사랑스러워요.**

⇨ 아이가 밤 9시가 되자 현관문 앞에 앉아 엄마를 기다리고 있더라고요. 현관문을 열자마자 "엄마! 보고 싶었어!" 하고 달려 나와 꽉 안기는 모습이 참 사랑스러웠어요.

05

날씨가 선물한
두 번째 터닝 포인트

"소상공인을 위한 날씨 마케팅 강의를 해 주실 수 있을까요? 교안은 이미 준비되어 있어요!"

어느 날 기상청에서 걸려 온 전화였어요. 기상캐스터 은퇴 후 새로운 도전에 대한 갈망이 간절했던 터라 망설임 없이 답했습니다.

"해 본 적은 없지만, 도전해 보고 싶어요!"

그런데 막상 교안을 받아 보니 너무 어려웠습니다. 하나도 이해할 수 없었죠. 그때 저는 중요한 결정을 내렸습니다.

"이 교안을 바탕으로 제가 직접 새롭게 준비해 보겠습니다!"

도서관으로 달려가 날씨 마케팅 관련 책들을 찾아봤는데, 날씨 마케팅 연구가 진행된 지 얼마 되지 않아 관련 책은 네 권밖에 없었습니다. 그 책들과 인터넷 검색을 통해 밤낮없이 다시 공부하기 시작했습니다.

'날씨 마케팅 강의를 어떻게 해야 하는 걸까? 어떻게 해야 사람들이 집중하고 즐거워할까?'

처음 해 보는 분야라 어려웠지만, 새로운 도전이 활력을 주었습니다. 소상공인분들이 실제로 활용할 수 있는 생생한 사례들을 모아야겠다고 생각했어요. 미용실의 'Rainy Day' 이벤트, 첫눈 할인 이벤트, 김밥집의 날씨별 메뉴 할인 등을 예시를 들었고, 직접 활용할 수 있는 아이디어들도 제안했습니다.

"황사 예보가 있는 날에는 세탁소에서 이런 문자는 어떨까요? '황사에 건강 조심하시고, 세탁물을 맡겨 주시면 더욱 깨끗하게 돌려드릴게요. 와이셔츠는 서비스로 드려요!'"

"폭설이 쏟아지는 날, 가장 매출이 급상승하는 곳은 어디일까요?"

이렇게 소통을 하며 강의를 하니 분위기가 완전히 달라졌습니다. 청중들이 손을 들고 적극적으로 참여하기 시작했죠. 정답이 무엇일지 짐작이 되나요? 바로 지하철 편의점이었어요. 눈이 많이 와서 차 대신 지하철을 타는 사람들이 늘어나니까, 젖은 양말을 갈아 신으려고 양말을 사거나 우산을 사는 사람들로 지하철 편의점이 북적입니다.

그리고 퀴즈를 맞춘 분들께는 특별한 선물을 준비했어요. 바로 전자 온습도계였죠. 날씨 마케팅 강의라서 날씨와 관련된 실용적인 선물이면 좋겠다고 생각했거든요. 사람들과 진심으로 소통하는 그 순간이 너무 좋았어요. 퀴즈를 맞춰서 선물을 받고 환하게 웃는 분들의 표정을 볼 때면 제 마음도 덩달아 따뜻해졌습니다. 그 이후로 강의를 준비할 때마다 '이번엔 어떤 재미있는 이벤트를 준비할까? 어떤 선물이 좋을까?' 하며 고민하는 게 일상이 되었습니다.

날씨 마케팅 강의 준비는 미지의 세계를 탐험하는 것 같았습니다. 하나하나 새롭게 배워 가는 과정이 설레기도 하고 두렵기도 했지만, 그 모든 것을 사람들과 나눌 때 비로소 진짜 가치가 빛난다는 것을 알게 되었습니다. 무엇보다 이때 강사라는 일의 진짜 매력을 발견했습니다. 사람들의 삶에 작은 도움이라도 될 수 있고, 그 과정에서 저 또한 성장할 수 있다는 것이 의미 있고 가치 있다는 생각이 들었어요. 이 경험이 제 인생의 두 번째 터닝 포인트가 되었습니다. 새로운 도전에 대한 두려움이 아니라 설렘으로 바뀌는 순간이었어요.

날씨 마케팅 강의를 통해 말을 잘한다는 것은 내가 진심으로 전하고 싶은 마음을 발견하는 과정이라는 것을 깨달았습니다. 또한 강의는 내가 완벽해서 하는 것이라기보다 함께 배우며 성장하는 시간이란 것을 처음으로 느꼈습니다. 처음 해 보는 분야라 두렵고 부족했지만, 그 두려움을 안고 한 걸음 내딛자 새로운 세상이 열렸습니다. 그때부터 강의를 준비할 때마다 스스로에게 묻습니다.

'어떻게 하면 청중의 마음을 따뜻하게 만들 수 있을까?'

말을 잘하는 법은 잘 외우는 것이 아니라 잘 느끼고 잘 나누는 것입니다. 그리고 그 나눔이야말로 제 인생의 두 번째 터닝 포인트를 만들어 준 가장 큰 선물이었습니다.

두려움을 설렘으로 바꾸는 힘은 나눔에 있습니다. 배운 것을 혼자 간직하지 않고 누군가와 나눌 때 그 지식은 경험이 되고, 그 경험은 누군가의 용기가 될 수 있을 거예요.

강의 잘하는
D.E.Q 법칙

1 D — Design
강의를 직접 설계하세요

남이 만든 교안을 읽는 순간 말은 생명을 잃습니다. 강의하는 사람은 경험의 디자이너, 강의는 창조의 과정입니다. 스스로 기획하고 재구성하는 과정에서 비로소 나만의 언어와 에너지, 흐름이 만들어집니다.

2 E — Experience
나의 직·간접 경험을 녹여 보세요

강의에는 교과서적인 내용보다 삶의 언어가 필요합니다. 미용실의 Rainy Day 이벤트, 폭설 속 지하철 편의점 이야기처럼 자신이 직접 보고 느낀 사례를 더하면 강의가 한층 생생해지고 청중의 몰입이 달라집니다.

일방적으로 듣는 강의보다 함께 퀴즈를 내고 소통하면 청중은 함께 만드는 사람으로 바뀝니다.

"폭설이 쏟아지는 날, 매출이 오르는 곳은 어디일까요?"

이 한 문장이 강의의 흐름을 바꿨듯 작은 퀴즈 하나가 집중과 웃음, 공감을 이끌어 냅니다.

장면 연상 퀴즈 만들기

하나의 상황을 선택해 한 장면이 떠오르도록 질문을 만들어 보세요.

질문 속에서 다음 요소 중 하나를 넣어 주세요.

- **시간** : 아침, 밤, 비 오는 날, 금요일, 퇴근길 등
- **장소** : 버스 안, 강의실, 엘리베이터, 현관 앞 등
- **감정** : 설렘, 미안함, 긴장, 아쉬움, 기대감 등
- **행동** : 기다림, 포기, 고백, 응원, 선택 등

Ex.

- 여러분은 금요일 저녁이면 가장 하고 싶은 게 무엇일까요?

- 현관 앞을 나설 때 어떤 생각을 하나요?

- 최근 가장 설레었던 순간은 언제인가요?

- 살면서 가장 어려웠던 선택은 언제였나요?

말은 결국
인생을 이끄는 길이
되었습니다

01

새벽 6시, 다시 나를 깨운 목소리

'과연 내가 말을 잘할 수 있을까? 그동안 너무 감을 잃은 건 아닐까?'

계획에 없었던 둘째 딸을 낳고 산후 우울증이 찾아왔습니다. 게다가 설상가상으로 코로나까지 확산되면서 학원 문을 닫아야 하는 상황이 벌어졌습니다. '어떻게 일어서야 할까?' 수없이 질문하며 새로운 돌파구를 찾고자 했습니다.

여러분도 그 시절 많이 힘드셨죠? 위기 상황 속에서 어떻게 헤쳐 나가셨나요? 저는 스피치 강사가 된 이후부터 문제가 생겼을 때 내면과 더욱 깊이 더욱 대화를 하려고 노력하게 되었습니다. 인생에는 정답이 없기에 실타래처럼 꼬인 문제들은 시간을 갖고 조용히 하나씩 스스로 대화하며 풀어 나가는 것이 중요하다고 생각했습니다.

'네가 가장 하고 싶은 게 뭐니? 어떤 삶을 살고 싶니?'

내 안의 나에게 질문하며 내면의 목소리를 경청했습니다.

'나는 성장하고 싶은데 솔직히 엄마로서의 역할도 중요하고, 제약이 너무 많네. 사실 방송을 좀 더 하고 싶어. 기상캐스터로서 방송을 10년이나 했지만, 다른 방송은 못해 봤잖아. 시청자들과 소통하면서 라디오 DJ도 하고 싶어. 하고 싶은 것이 너무 많지만, 아이가 어려 육아에도 전념해야 하는 상황인데 어떻게 하지? 방송을 하고 싶은 나의 욕구를 어떻게 충족시킬 수 있을까?'

일과 육아, 하고 싶은 것과 해야 하는 것 사이의 내적 갈등으로 많이 혼란스러웠습니다. 어느 날 내면에서 이런 목소리가 들리는 것 같았어요.

'지금 당장 방송을 하고 싶으면 네가 직접 기획해서 해 보면 되잖아. 인스타 라이브 방송을 하면 어때? 라디오 DJ처럼 말이야!'

하지만 둘째 아이가 돌이 지난 지 얼마 되지 않은 상황이었고 엄마의 손길이 많이 필요했기에 방송하는 것이 쉽지 않았어요. 그래서 아이가 푹 자는 새벽 6시에 일어나 '감통 라디오'라는 인스타 라이브 방송 프로그램을 기획했습니다. 감정을 나누고 소통한다는 의미로 '감통'이라는 말을 만들었죠.

새벽 6시부터 한 시간 동안 매일 새벽 시간 인스타 라이브로 방송을 진행한다는 것은 생각만큼 쉽지 않았습니다. 귀한 새벽 시간에 감통 라디오를 들으러 오시는 분들께 유익한 이야기를 들려드리고 싶어 직접 큐시트를 만들기 시작했습니다. '오프닝 멘트로 어떤 이야기를 꺼낼까?' 생각하며 생각과 감정들을 정리해 대본을 썼습니다. 또 책 이야기, 좋은 명언 , 시 낭송 등 라디오 진행을 위해 좋은 글과 말들을 수집하기 시작했습니다. '내가 지금 필요로 하는 내용보다 사람들의 현재 불편함은 무엇일까? 어떻게 도움을 드릴 수 있을까?'에 대해 고민을 많이 했습니다.

지상파 라디오 방송의 코너들을 모니터링하면서 인사이트를 얻으려고 노력했는데요. 고민 사연을 받아 함께 나누는 코너, 퀴즈를 풀고 선물을 주는 코너, DJ가 "이번 겨울에 가장 하고 싶은 것은?"처럼 간단한 질문을 하고 댓글로 함께 이야기를 나누는 코너 등 다양한 코너들을 분석해 감통 라디오에 활용해 보았습니다.

2개월부터는 하나의 주제를 잡고 프로그램을 기획하기 시작했어요. 예를 들면 마음 챙김을 주제로 정한 뒤 오프닝으로 《마음챙김의 시(류시화 엮음, 수오서재, 2020)》이란 시집에서 한 편의 시를 골라 읽고 생각과 감정을 나누는 시간을 가졌습니다. 방송을 들으러 오시는 청취자 분들에게 "여러분은 언제 스트레스를 받나요? 스트레스 받으면 어떻게 푸나요?"라는 질문을 하면서 사람들의 댓글을 읽어 주며 소통했고, 즉석에서 신청곡을 받아 음악을 들려주기도 했습니다.

방송에서 준비한 내용을 절반도 못한 적도 있었어요. 초반에는 라이브 방송을 하며 많은 것을 전달해 가르치려고 했죠.

'아~ 내가 하고 싶은 말만 하고 있었구나! 왜 소통하지 않고, 준비된 말만 하고 가르치려고만 했을까?'

방송을 진행할수록 큰 깨달음을 얻게 됐습니다. 라이브 방송에서 DJ의 중요한 역할은 사람들이 참여할 수 있도록 질문하고 그들의 이야기를 경청하는 것임을. 그 뒤부터 좋은 질문을 준비하려고 노력했고, 청취자들의 이야기를 경청하며 배우려고 노력했습니다.

"스트레스를 받을 때는 잠시 멈춰서 생각해요. 무엇이 잘못됐는지 나 자신을 돌아보죠."

"음식을 먹으며 위로해요!"

"피로를 풀기 위해 잠을 푹 자요!"

사람마다 스트레스를 받는 부분과 푸는 방식이 다르다는 것을 알게 됐고, 스트레스를 푸는 인생의 다양한 지혜도 배우게 됐죠.

라이브 방송을 시작할 때도 긴장 반 설렘 반이었어요. 기상캐스터는 주어진 원고가 있지만, 라이브 방송은 주어진 원고가 따로 있지 않기에 돌발 상황이 자주 발생했습니다.

'돌발 상황에 대처하지 못해 당황하면 어떻게 하지? 그래도 전직 기상캐스터이고 스피치 강사라서 사람들이 엄청 기대할 텐데.'

처음에는 사람들의 시선을 의식하며 긴장을 많이 했죠. 첫 라이브 방송을 할 때 '과연 내가 잘 할 수 있을까?' 이런 생각을 하며 심장에서 쿵쾅쿵쾅 소리가 났던 기억이 아직도 생생합니다. 하지만 시간이 흐를수록 매일 새벽 라이브 방송을 함께해 주시는 애청자도 생기면서 생각은 변화됐습니다.

'감통 라이브는 감정을 나누며 소통하는 것이 중요한데 DJ가 마음의 문을 열지 않으면 어떻게 사람들과 소통할 수 있을까? 친한 단짝 친구와 이야기한다고 생각하고 편안한 마음으로 이야기를 나누려 노력하자! 그래야 청취자들도 방송에서 편안함을 느낄 거야!'

화남, 억울함, 외로움, 기쁨 등 마음속 감정들을 솔직히 고백하며, 마음을 열고 대화를 나눴습니다. 제가 먼저 마음을 여니 라이브 방송에 오신 여러분도 마음의 문을 여시고 개인적인 이야기들에 귀 기울여 주셨죠. 한 번도 직접 만나 본 적 없는 분들이지만, 제게 따뜻한 말들을 많이 선물해 주셨습니다.

"매일 새벽 시간 애쓰고 있어요. 라엘님 방송 덕분에 매일 아침 힐링하고 있어요. 응원할게요."

"오늘은 힘들어 보이세요. 무슨 일 있으신 건가요?"

매일 새벽 라이브 방송을 통해 만나니 얼굴 표정이나 목소리만 듣고도 제 감정을 알아차리시고 응원과 격려를 해 주셨습니다. 따뜻한 위로의 말에 감동해서 펑펑 운 적도 많았습니다. 이렇게 따뜻한 말을 통해 좋은 사람들과 연결되어 힘든 인생의 시기를 극복할 수 있었습니다.

라이브 방송에서 예기치 않은 돌발 상황도 많았습니다. 가장 빈번했던 것은 둘째 딸이 새벽에 갑자기 깨서 "응애~" 하고 우는 일이었어요. 새벽 6시면 보통 아이들이 깊게 잠들어 있을 시간인데, 어떤 날은 방송을 시작하자마자 안방에서 울음소리가 들려오더라고요. 라이브를 들으러 와 주신 분들께서 "아기가 울어요! 가 보세요!"라고 댓글을 달아 주셨고, 저는 "잠깐만요~ 아기가 깼나 봐요. 금방 돌아올게요!" 하며 안방으로 뛰어갔죠. 아이를 달래고 다시 나와서 방송을 하려니 또 울더라고요. 그래서 아기띠를 한 채 아이를 등에 업고 방송을 진행한 적도 있었습니다.

"여러분, 오늘은 특별 게스트가 함께하고 있습니다. 우리 둘째가 깨서 함께 방송하게 됐어요"라고 말하며 웃으면서 진행했습니다. 감사히 애청자분들께서 "너무 귀여워요! 아이 울음소리까지 힐링이에요"라며 따뜻한 반응을 보내 주셨습니다.

또 다른 돌발 상황은 기술적인 문제들이었어요. 갑자기 방송이 종료되는 경우도 있었고, 방해 금지 모드를 설정해 놓지 않아서 알림 소리가 울리는 경우도 있었죠. 예전에는 이런 돌발 상황에 당황해서 머리가 하얘졌지만, 라이브 방송을 하면서 돌발 상황을 인정하는 연습을 하게 됐습니다. 방송에 참여해 주신 분들의 마음이 열려 있고, 편히 다 들어주실 것이라는 믿음이 있었기에 가능했던 것입니다.

"방송이 갑자기 종료가 돼서 참 당황스럽네요. 여러분도 놀라셨죠? 다시 들어오느라 시간이 걸렸습니다. 이렇게 기다려 주시고 다시 방문해 주신 여러분 감사합니다.”

그리고 상황과 감정에 대한 이야기를 솔직하게 말하는 것이 최고의 돌발 상황 대처법이란 것을 깨닫게 되었습니다.

라이브 방송을 진행한 경험을 바탕으로 라이브 방송 코칭 수업도 진행하게 됐습니다. 경험의 자산들이 쌓이니 나눠 줄 것들이 많이 생기더라고요. 라이브 방송을 맨땅에 헤딩하며 스스로 터득해 나갔기에 저만의 꿀팁을 나눠 줄 수 있었습니다.

솔직하게 말하면 인스타 라이브 방송을 남편 몰래 처음 시작했어요. 인스타그램 하는 것을 좋아하지 않았기에 '남편은 이런 거 하는 거 싫어할 거야. 말하면 또 하지 말라고 할 텐데. 비밀로 하자!'라고 생각했죠. 그런데 라이브 방송을 시작한 지 두 달 뒤, 남편에게서 장문의 메시지가 왔어요.

윤정아~ 네가 새벽 라이브 방송을 하는 거 너는 몰랐다고 생각했겠지만, 알고 있었어! 인스타그램을 종종 들어가서 봤거든. 그런데 나는 우리 아내가 사람들도 별로 들어오지 않는 곳에서 방송하는 것이 속상했어. 더 넓은 곳에서 방송해야 할 사람인데⋯ 예전에 오빠가 학원 오픈하고 학생들이 많이 없을 때가 생각나더라. 추운 겨울 손발을 비벼가며 전단지를 돌

남편의 진심을 알고 난 뒤, 그날 폭풍 눈물을 흘렸습니다. 남편이 싫어할 것이라 먼저 판단하고 말도 안 하고 방송을 시작했던 것을 많이 후회했습니다. 사람의 마음을 머리로 판단하는 것이 소통의 방해물이라는 것을 알고 있는데도 말이죠. 남편의 진심 어린 편지를 받고 '이렇게 남편도 응원해 주는데 열심히 방송해서 성장으로 보답해야지!'라고 생각하며 더 큰 꿈을 가질 수 있었습니다.

라이브 방송을 하며 깨달은 말 잘하는 법은 바로 마음을 제대로 들여다볼 줄 아는 사람이 되어야 한다는 거예요. 먼저 내 감정이 어떤 상태인지 살펴보면 말의 방향이 잡힙니다. 마음이 정리되면 말도 자연스럽게 정리되거든요. 그리고 누군가와 이야기할 때는 '내가 무엇을 말하고 싶은가?'보다 '이 사람이 지금 무엇을 필요로 할까?'를 먼저 떠올려 보세요. 그러면 억지로 설명하지 않아도 대화가 부드럽게 이어집니다. 또 완벽하게 준비된 문장보다 솔직한 한 문장이 사람의 마음을 더 크게 움직입니다. 잘하려고 애쓰기보다 지금 내 마음의 온도로 진심을 전하려고 할 때 말은 비로소 살아나거든요.

　　지금 1분 만이라도 마음의 소리에 귀 기울여 보세요. 지금 진짜 내가 하고 싶은 것은 무엇인가요? '이래서 안돼. 반대할 거야'처럼 안 되는 이유를 생각하면서, 정말 하고 싶은 것들을 포기하고 있지 않나요? 여러분은 할 수 있는 능력이 있어요. 할 수 있다고 생각하면 '어떻게 할까?'를 생각하며 도전하게 될 거예요. 그것이 여러분을 삶의 주인공으로 만드는 가장 빠른 지름길입니다. 마음이 간절히 외치는 그 말을 듣고 실행한다면 삶은 더 반짝반짝 빛날 거예요.

따뜻한 말 한마디

말이 잘 나오지 않아도, 마음이 정리되지 않아도 괜찮아요. 지금처럼 한 걸음씩 자신을 믿어 주다 보면 어느 순간 따뜻하고 편안한 목소리가 자연스럽게 흘러나오게 될 거예요!

라이브 방송 잘하는 L.T.R 법칙

1 L — Listen
그들의 이야기를 진심으로 들으세요

라이브 방송에서 가장 중요한 것은 듣는 태도예요. 댓글 속 한 줄에도 누군가의 기분, 하루, 고민이 담겨 있습니다. 그 이야기를 가볍게 넘기지 않고, 경청하고 공감하려는 마음이 있을 때 비로소 방송이 따뜻해지죠. '아, 이분은 이런 상황이구나' 하고 마음으로 들어주는 순간, 청취자는 '나를 이해해 주는 방송'이라고 느끼게 됩니다. 많은 사람들의 다양한 이야기를 들으며 이해의 세계가 넓어지고 성장할 수 있겠죠?

Ex. 지금 이런 댓글이 달렸는데, 많이 힘드시겠어요. 이런 상황에서 함께 해 주시고 고민도 공유해 주셔서 감사합니다.

라이브 방송의 시작은 잘하려는 마음보다 친구와 나누는 대화 같은 편안함에서 출발합니다. 내가 편안하게 말하지 않으면 상대방도 편안하게 들을 수 없겠죠. 완벽한 멘트를 준비하기보다 지금 내 앞에 있는 한 사람에게 말을 걸듯 자연스럽게 말하면 청취자들은 '이 방송을 듣고 있으면 마음이 편안해!'라고 생각하며 끝까지 경청하게 되고, 다시 참여하고 싶다는 생각을 하게 됩니다.

Ex. 여러분의 고민을 듣고 소통하는 시간을 가지려 해요. 서로 배우고 성장하는 시간이 됐으면 좋겠습니다.

3 **R — Reply**
질문하고 참여를 이끌어 보세요

라이브 방송의 에너지는 주고받는 대화에서 생깁니다. "여러분은 어떻게 생각하세요?", "오늘은 어떤 감정인가요?" 이런 문장들이 사람들을 적극적인 참여자로 바꿔 줍니다. 댓글에 반응하고 소통하면 방송은 혼자가 아닌 함께 만들어 가는 공간이 됩니다.

Ex. 이 이야기를 듣고 어떤 생각이 들었는지 댓글로 남겨 주세요. 여러분의 댓글이 많은 분들에게 큰 도움이 될 거예요.

질문 더하기

대화 중 상대가 한 말에서 단 하나의 단어를 선택해 그 단어를 기준으로 이어지는 질문을 해 보세요.

- **1단계** : 상대방 말 속 키워드 한 개 찾기
- **2단계** : 그 키워드로 질문 만들기
- **3단계** : 상대의 감정과 상황을 열어 주는 질문 추가하기

Ex. 요즘 일이 많아 힘들어요. (키워드 : 힘들다)

- 어떤 점이 가장 힘든가요?

- 가장 힘든 순간은 언제인가요?

- 그 순간 어떤 감정이 느껴지나요?

- 그 상황에서 가장 바라는 것은 무엇인가요?

간절함은
길을 만든다

코로나로 세상이 멈춰 있던 시절, 저는 멈추고 싶지 않았습니다. 막막한 시간 속에서도 배우고 나누고 싶은 마음은 여전했습니다. 그때 돌파구를 찾기 위해 제 롤모델인 김미경 강사님이 운영하시는 온라인 대학에 입학했죠. 각자의 자리에서 치열하게 살아가는 분들을 만나 함께 자기계발 스터디를 하던 어느 날, 한 분이 제게 이런 말을 했습니다.

"라엘님은 온라인 강의하셔야죠."

그 한마디를 듣고 망설임 없이 한 온라인 강의 플랫폼에 크리에이터 지원서를 냈습니다. 그런데 현실의 벽은 생각보다 높았습니다. 강의를 열기 위해서는 하트 200개와 101원의 응원을 모아야 한다는 조건이 있었던 것입니다. 인맥이 넓지 않았기에 그 숫자는 높은 산과 같았습니다. 일주일 안에 조건을 충족시켜야 했기에 매일 사이트를 새로고침하며 숫자를 확인했습니다. 시간은 다가오는데 하트가 늘지 않아 마음이 조급해졌습니다.

'이대로는 안되겠는데. 무엇을 해야 할까?'

간절함이 절박함으로 변했고, 그때 용기를 냈습니다. 인스타그램에 영상 편지를 올리기로 했습니다.

"이제 코로나를 겪으며 외부 강의를 할 수 없습니다. 그래서 '어떻게 다시 강의를 할 수 있을까?' 고민을 하게 됐고, 온라인 강의를 해야겠다고 결심하게 됐습니다. 제 경험을 통해 깨달은 좋은 목소리를 내는 연습법을 체계적으로 전해 드리려고 합니다. 정말 하고 싶은 강의인데 여러분의 하트와 응원이 모여야 강의를 열 수 있다고 하네요. 기간이 얼마 남지 않아 간절한 마음으로 이렇게 영상 편지를 올립니다. 여러분들께서 성원해 주시면 유익한 강의로 은혜에 꼭 보답하겠습니다."

반응은 어땠을까요? 놀랍게도 팔로워가 2천 명 남짓이었는데도 수많은 분들이 영상 편지 게시물을 공유해 주셨고, 한 번도 본 적 없는 분들이 저를 응원해 주셨습니다. 그렇게 하트 200개와 101원의 응원이 모였고, 드디어 '하루 10분 보이스 코칭'이라는 첫 온라인 강의가 오픈될 수 있는 기회가 주어졌습니다. 하지만 또 다른 도전이 기다리고 있었습니다. 기획, 촬영, 업로드 이 모든 과정을 혼자 해야 했죠.

'어떻게 해야 사람들이 도움 받는 강의를 만들 수 있을까?'

그 질문이 하루종일 머릿속에 맴돌았습니다. 매일 기존 온라인 강의들을 분석해 수십 개의 강의를 보고 '잘되는 강의는 어떻게 만들어야 할까?' 고민했습니다. 그 과정에서 깨달았습니다. 좋은 강의는 지식을 나열하는 게 아니라 사람들의 고민을 정확히 짚고 그 해결책을 제시하는 것임을.

숨이 차서 오래 말하지 못하는 분, 말끝을 흐려 자신 없어 보이는 분, 빠른 말투로 오해 받는 분, 발음이 부정확해 고민이신 분. 저는 목소리에 대한 사람들의 구체적인 고민을 해결하기 위한 세부 주제를 다듬었습니다.

1장은 목소리 고민, 2장은 말투의 고민, 3장은 상황에 맞는 목소리, 4장은 대상에 맞는 목소리, 5장은 목적에 맞는 목소리
숨이 찰 때는 복식호흡, 바람 소리가 날 땐 성대 접촉 강화 훈련, 어린아이 같은 말투는 뉴스 원고 낭독으로 교정

하루 12시간씩 앉아 원고를 쓰며, 수정하고 또 수정했고, 한 강의를 찍기 위해 하루 네 시간 동안 수십 번씩 다시 찍으며 밤을 새우는

일이 일상이었습니다.

'내 이름을 걸고 만드는 첫 강의인데 대충 만들 수는 없지.'

일이 잘 안 풀려서 눈물이 나는 순간도 많았지만, 포기하고 싶다는 생각은 단 한 번도 들지 않았습니다. 그 과정을 통해 저는 중요한 사실 하나를 깨달았습니다.

'강의는 감이 아니라 설계구나! 건물을 튼튼하게 세우려면 설계도가 필요하듯 강의도 사람의 마음 위에 세워지려면 정교한 설계가 필요하구나!'

제가 중요하다고 생각하는 것보다 상대가 진짜 필요로 하는 것을 먼저 찾는 것이 중요하다는 것을 깨달았습니다. 그것이 바로 소통의 본질이자 강의의 힘이라는 것을 배웠습니다. 그 후로 저는 어떤 말을 하든 어떤 콘텐츠를 만들든 늘 먼저 스스로에게 묻습니다.

'상대방이 지금 진짜 듣고 싶은 것은 무엇일까? 지금 내가 하고 싶은 이야기만 하는 것을 아닐까?'

그 질문 하나가 말의 방향을 정해 줍니다. 그 힘들었던 경험이 콘텐츠를 만드는 스피치 크리에이터로 성장하는 데 큰 도움이 됐습니다. 불확실한 혼돈의 시대 속에서도 간절함으로 시작했던 그 도전이 지금의 저를 단단하게 만들어 주었습니다.

그 과정을 지나며 말하기의 핵심이 무엇인지 깊이 깨달았습니다. 말을 잘한다는 것은 상대의 고민을 진심으로 이해하려는 마음에서 출발한다는 사실입니다. 상대의 마음이 어디에서 멈춰 있는지, 무엇 때문에 답답해하는지 귀 기울여 들여다보는 순간 말의 방향이 잡힙니다.

그리고 그 다음에 중요한 것은 '어떻게 해결할 수 있을까?'를 끝까지 고민하는 과정입니다. 이 과정이 있다면, 말이 단순한 정보에 그치는 게 아니라 누군가의 실제 변화를 만드는 계기가 될 수 있습니다.

결국 말하기의 힘은 상대를 향한 관심에서 나오며, 그 관심을 바탕으로 실질적인 도움을 주려는 꾸준한 질문에서 진짜 전달력이 만들어진다는 것을 알게 되었습니다. 그 깨달음으로 누군가의 목소리가 자신감으로 성장하길 간절히 바라며, 또 이렇게 한 장의 원고를 씁니다.

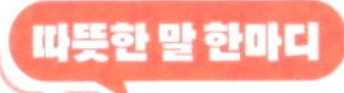

간절함으로 시작했던 도전이 지금의 여러분을 단단하게 만들어 줄 거예요!

온라인 강의를 준비하며 깨달은 S.B.S 법칙

1 S — Solution
상대의 문제를 공감한 뒤 해결책을 말해 주세요

말은 내가 하고 싶은 이야기가 아니라 상대가 지금 겪는 문제를 어떻게 해결할 수 있을지 제시할 때 비로소 힘을 가지게 됩니다. 먼저 상대의 불편함과 감정, 고민을 깊이 공감한 뒤 구체적인 한 가지 방법을 제안해 보세요. 그 순간 말은 변화를 만드는 솔루션이 됩니다.

'상대가 진짜 듣고 싶은 건 무엇일까? 그리고 그에게 지금 가장 필요한 해결책은 무엇일까?'

이 두 가지 질문이 말의 방향을 정확하게 잡아 줍니다.

좋은 스피치는 디테일보다 방향이 먼저입니다.

'이 말로 무엇을 전하고 싶은가?'

그 중심을 먼저 정해야 메시지가 흔들리지 않습니다. 큰 틀을 잡아 놓으면 말이 길을 잃지 않게 되고, 전달하고 싶은 메시지가 더 강하게 들립니다.

말이 정리가 안되는 이유의 대부분은 생각의 구조가 없기 때문입니다. 문제–원인–해결, 상황–행동–결과–깨달음 등 생각을 구조화하면 말은 명확해집니다. 구조화된 말은 흐릿하지 않고, 듣는 사람의 머리에 장면처럼 그려집니다.

문제와 해결책 순서로 말하기

여러분의 생각을 문제와 해결책으로 정리해 말해 보세요.

Ex. - **문제** : 많은 강사가 강의를 감에 의존해서 진행할 때 어려움을 겪습니다. 청중은 강의를 잘 이해할 수 없게 되고, 도움받지 못할 수 있죠.

- **해결책** : 이러한 문제를 해결하고 청중에게 설득력을 갖는 강의를 만들기 위해서는 먼저 설계를 잘해야 합니다. 강의를 시작하기 전에 건축물 공사처럼 설계도를 먼저 만들어야 합니다. 저 역시 청중의 복잡한 고민을 해결하기 위해 원인, 해결, 실습 같은 명확한 강의 구조를 설계했습니다. 이렇게 강의를 설계한 덕분에 강의의 일관성을 높일 수 있었고, 청중에게 실질적인 도움을 줄 수 있었습니다.

03

진짜 설득의 힘

"쇼호스트 해 보는 건 어때?"

기상캐스터를 그만두고 진로를 고민하던 시절, 주변에서 자주 듣던 말이었습니다. 하지만 자신이 없었습니다. 누군가를 설득해야 하는 일, 그것도 즉석에서 다양한 돌발 상황에 대처해야 하는 일은 왠지 저와는 맞지 않는다고 생각했거든요. 그래서 사람들에게 솔직히 말하지 못하고, 그저 "나랑은 좀 안 맞는 것 같아"라고 웃으며 넘기곤 했습니다.

그런 저에게 어느 날 첫 라이브 커머스 도전 기회가 찾아왔습니다. 온라인 클래스 '하루 10분 보이스 코칭' 강의를 런칭하기 위해 1단계 수요조사를 통과한 뒤 2단계로 얼리버드 판매 20개 달성이라는 과제가 주어졌습니다. 어렵게 많은 분들의 도움으로 1단계를 통과했는데, 이대로 멈출 수는 없었습니다. 하지만 강의는 눈에 보이는 상품이 아니었기에 어떻게 하면 이 강의를 설득력 있게 보여 줄 수 있을지 고민이었습니다. 시간이 많이 없었기에 실행이 필요했죠.

그래서 인스타 라이브 방송을 켜고 강의 라이브 커머스에 도전을 했습니다.

'어떻게 보이지 않는 강의를 설득해 판매로 연결시킬 수 있을까?'

먼저 사람들에게 무엇을 판매하는지 명확히 알려 주기 위해 스케치북에 '하루 10분 보이스 코칭 99,000원!'이라는 문구를 적어 준비했습니다. 그런데 막상 카메라를 켜 보니 글자가 좌우가 바뀌어 보였습니다. 그래서 한글 파일에서 글자를 좌우 반전시켜 인쇄한 뒤 스케치북에 붙였죠. 작은 디테일 하나에도 진심을 담고 싶었습니다.

그리고 설득을 위한 '3 WHY' 전략을 세웠습니다.

'왜 필요한가?', '왜 이 강의인가?', '왜 지금인가?'

이 세 가지 질문을 먼저 던지며 청중의 관점에서 말을 정리했습니다. 또한 라이브 방송에서 발성과 발음에 대한 꿀팁을 전해 드렸고, 소통과 참여를 이끌기 위해 퀴즈 이벤트도 준비했습니다.

그런데 이 과정에서 이런 질문이 떠올랐습니다.

'사람들이 온라인 강의를 신청하지 않는 이유는 무엇일까? 그들의 선택을 가로막는 편견과 의심은 어떤 게 있을까?'

이 심리적 장벽을 무너뜨리는 것이 가장 중요하다는 생각이 들었습니다.

"혼자 온라인 강의를 들으면 끝까지 완강하기 어려워요. 피드백이 없는데 제가 잘하고 있는지도 모르겠고 성장할 수 있을까요?"

이런 마음의 장벽을 깨기 위해 특별 이벤트를 제안했습니다.

"라이브 방송에서 강의 신청한 분들에게 채팅방을 만들어 드릴 거예요. 직접 만든 워크지를 활용해 하루 한 개 스피치 미션을 드릴 거고요. 온라인 라이브 특강도 열어 피드백도 드리겠습니다."

진심이 통했을까요? 라이브 방송에서 한 분이 강의를 신청하자 연달아 라이브 방송에 참여했던 분들이 함께하겠다고 말씀해 주셨고, 덕분에 얼리버드 20개를 모두 완판할 수 있었습니다. 아직도 그 벅차올랐던 감동이 생생하네요.

그때 설득의 본질을 새롭게 배웠습니다. 설득은 말을 잘하는 기술이 아니라 상대방이 자신을 믿게 만드는 힘이라는 것을. 처음에는 '강의를 팔아야 한다'는 생각으로 시작했지만, 결국 진짜 목적은 그들의 고민을 해결해 주는 일이었습니다.

'신뢰를 통해 관계와 변화의 경험을 선물하는 것이 중요하구나!'

사람들은 제품이 아니라 신뢰하는 사람에게 마음을 엽니다. 그래서 '라이크 커머스(Like Commerce)'라는 말이 생겼죠. 라이크 커머스란 제품만 보고 선택하는 것이 아니라 좋아하는 사람이 추천하니 믿고 구매한다는 것입니다. 진짜 설득은 논리적으로 말을 잘해 상대를 이기는 것이 아니라 상대가 스스로를 믿게 도와주는 일입니다.

지금도 저는 종종 인스타그램 라이브를 켜고 사람들의 스피치 고민을 듣습니다. 그들의 이야기를 들을 때마다 이렇게 다짐해요.

'말은 상대를 바꾸는 게 아니라 그 마음속의 가능성을 깨워 주는 일이야.'

그래서 오늘도 묻습니다.

'어떻게 하면 상대가 스스로를 믿도록 도울 수 있을까?'

바로 이 질문이 저를 지치지 않고 나아가게 합니다.

여러분의 말은 누군가의 가능성을 깨우는 힘이 있습니다. 진심으로 이해하려는 마음, 그 마음 하나가 가장 큰 설득이고 가장 큰 위로입니다.

설득의 3 WHY 법칙

① WHY — 왜 필요한가?

상대가 "이게 나에게 어떤 의미가 있지?"라는 질문에 먼저 답해 주기 위해서 '왜 필요한가?'를 설명하는 것이 중요합니다. 필요성을 느껴야 관심 있게 보고, 행동이 시작되기 때문이죠. 그래서 이 단계에서는 상대가 겪는 구체적 문제, 문제를 방치했을 때의 현실적 손해, 해결했을 때의 긍정적 변화를 짧고 명확하게 제시해야 합니다. 상대의 불안을 가능성으로 느끼게 하는 것이 핵심입니다.

Ex. 여러분, 강의를 하는데 목소리가 제대로 안 나와 고민이신가요? 발표할 때 사람들이 경청하지 않아 고민이신가요? '메라비언 법칙'에 따르면 목소리가 첫인상에 미치는 영향이 40% 정도 된다고 합니다. 목소리는 타고난 게 아니라 연습하면 바뀔 수 있습니다. 목소리가 바뀌면 강의의 전달력이 높아져 자신감도 생기죠. 무엇보다 사람들이 여러분의 이야기에 귀 기울이게 될 거예요.

2 WHY — 왜 이것인가?

수많은 선택지 중 이 선택이 특별한 이유를 명확히 보여 주기 위해 '왜 이것인가?'를 설명하는 것이 중요합니다. '왜 하필 이것이어야 하는가?' 하는 부분이 설득이 되면 신뢰를 느끼고 결정하게 되죠. 이 단계에서는 나만의 전문성과 경험, 차별점, 다른 곳에서는 얻기 어려운 구체적 장점 그리고 상대의 문제를 해결하는 핵심 솔루션을 제시하는 것이 중요합니다. 이것이 선택을 확신으로 바꾸게 만들죠.

Ex. 이 강의에는 19년 차 스피치 강사의 노하우가 담겨 있습니다. SBS 기상 캐스터 시절 어린아이 같은 말투 때문에 고민이었는데, 이것을 바꾸기 위해 터득한 저만의 노하우가 있습니다. 생방송, 사회, 강의 등 다양한 경험을 통해 깨달은 목소리를 바꾸는 비밀을 알려 드리겠습니다.

3 WHY — 왜 지금인가?

설득은 마음을 움직이는 것에 그치지 않고, 지금 움직여야 하는 이유를 들었을 때 실행으로 이어집니다. 이 단계에서는 지금 시작해야 얻는 즉각적 이득, 놓치면 생기는 기회비용, 시기적 혜택 등을 명확히 알려 지금 선택하는 것이 가장 현명하다는 확신을 만들어야 합니다.

Ex. 지금 얼리버드 기간으로 가장 많이 할인된 수강료로 만나 볼 수 있습니다.

3 WHY 구조로
설득 메시지 만들기

누군가를 설득하거나 제안할 일이 있다면, 이 세 가지 질문으로 메시지를 구성해 보세요.

- **왜 필요한가**
  ⇨ 사람들은 모두 말은 하지만, 자기 마음을 정확히 전달하는 사람은 생각보다 많지 않습니다. 면접, 강의, 회의, 인간관계까지 결국 변화를 만드는 것은 '말의 힘'입니다. 말이 정돈되면 생각이 정리되고, 생각이 정리되면 삶이 정돈됩니다.
- **왜 이것인가**
  ⇨ 이 책에는 19년 차 스피치 강사로서 쌓아온 경험과 시행착오 속에서 얻은 진짜 지혜와 특별한 스피치 공식이 담겨 있습니다. 그리고 그 지혜가 바로 실천될 수 있도록 '오늘의 미션'을 넣었습니다. 배우기만 하는 책이 아니라 변화가 시작되는 책입니다.
- **왜 지금인가**
  ⇨ 사람은 말하는 방식대로 살아갑니다. 조급한 말은 조급한 삶을 만들고, 따뜻한 말은 따뜻한 삶을 만듭니다. 말이 인생의 속도와 분위기를 결정합니다. 말의 변화는 인생에서 가장 빠르게 오는 투자입니다. 오늘의 말투는 기회가 될 수도, 후회가 될 수도 있습니다.

04

두려움 너머 새로운 세계

강사로서 코로나는 거대한 벽이었습니다. 그토록 사랑하던 강의의 기회가 하루아침에 사라졌고, 사람들과 눈을 마주하며 소통하던 시간은 멈췄습니다. 텅 빈 강의실을 보며 '이제 나는 무엇을 해야 하지?'라는 생각이 들었죠. 그때 우연히 인스타그램에서 "오늘 이프랜드에서 강의합니다. 강의로 만나요!"라는 김미경 강사님의 글을 보게 되었습니다.

'이프랜드?' 처음 들어본 단어였지만, 그 안에서 새로운 가능성을 느꼈습니다. 가상 캐릭터로 만나 대화하고, 함께 사진을 찍는 가상의 공간. 강의를 그리워하던 저는 다시 가슴이 뛰기 시작했습니다.

'나도 이곳에서 강의해 보고 싶다.'

그렇게 시작된 호기심이 인생의 또 다른 무대를 열어 주었습니다. 얼마 지나지 않아 '이프랜드 인플루언서 이프렌즈 2기 모집' 광고가 눈에 들어왔습니다. 망설임 없이 지원했고, 운명처럼 합격 소식을 받았습니다.

이제 저는 PD이자 작가이자 강사가 되어야 했습니다. 기획부터 큐시트, 대본, 진행까지 모두 혼자 준비해야 했죠. 메타버스라는 가상 공간 속에서 캠핑장, 벚꽃길, 카페 같은 테마 공간을 만들어 청중과 소통하는 형식이었는데요. 아이 둘을 키우며 바쁘게 살던 워킹맘에게 그 세계는 현실에서 불가능한 상상을 실현시키는 무대가 되었습니다.

하지만 처음 접한 낯선 무대였기에 쉽지 않았습니다. 강의에서 가장 중요한 것이 소통인데, 눈앞에 실제 청중은 보이지 않았으니까요. 이모티콘과 댓글, 마이크로 소통해야 했고, 돌발 상황도 많았습니다. 어린 학생들이 갑자기 들어와서 노래를 부르거나 참여자들이 말다툼을 하는 일도 있었죠. 그때마다 마음을 다잡았습니다.

'이 상황을 부정하지 말자. 인정하고, 유연하게 대응하자.'

갑자기 아바타가 사라졌을 때는 "방의 열기가 너무 뜨거워서 잠시 식히라고 그런 것 같네요"라며 웃음으로 넘겼습니다. 말다툼으로 분위기가 어두워질 땐 "의견이 다를 수 있죠. 다음 분의 이야기도 들어 볼까요?"라며 자연스럽게 대화를 이어 갔습니다. 그 과정에서 순발력보다 공감과 유머의 힘이 더 크다는 것을 느꼈습니다. 상대의 마음을 읽고, 그들이 왜 그런 행동을 했는지 이해하려 할 때 돌발 상황도 오히려 소통의 기회가 되었죠.

특히 얼굴도, 나이도, 배경도 드러나지 않는 그 공간에서 오히려 편견 없이 다양한 사람들과 대화를 나눌 수 있었는데요. 그 공간에서 만난 분 중 기억에 남는 분이 있어요.

"저는 큰 화상으로 장애인이 되었고, 상처를 입었어요. 처음에는 죽고 싶었지만, 이러면 안되겠구나 싶었죠. 어느 순간 나와 같은 어려움을 겪는 분들을 돕고 싶었어요. 그래서 상담가가 되었는데, 코로나 시기라 일도 끊기고 마음이 허전했어요. 그러다 이 공간을 알게 되었고, 사람들의 시선을 생각하지 않고 다양한 사람들을 만날 수 있어서 행복하네요."

다름을 이해하며 배우고 성장할 수 있는 시간이었습니다. 이렇게 다시 만난 무대인 이프랜드에서 3년 동안 다양한 기획을 진행했습니다. 청춘 축제, 라디오 DJ 선발대회, 스피치 콘테스트 등 상상을 현실로 바꾸는 다양한 프로그램을 만들었죠. 낯선 공간이었지만, 두려움보다 실행을 선택했습니다. 때로는 시스템 오류로 아바타가 사라지기도 하고, 방송이 종료되기도 하고, 마이크가 켜지지 않는 돌발 상황들을 마주했지만, 배울 수 있는 기회라고 생각하며 유연하게 대처해 나갈 수 있게 됐습니다. 결국 열정과 노력의 결실로 이프렌즈

우수 활동자로 선정되었고, 영화 시사회, 연예인 팬미팅, 세미나, 포럼, 사회 등 더 큰 무대를 진행할 수 있는 기회를 얻었습니다. 코로나가 아니었다면 결코 경험하지 못했을 무대들이었습니다.

이프랜드의 무대에서 많은 깨달음이 있었습니다. 특히 다양한 분들을 만나면서 다름에 대한 관점이 바뀌었습니다.

'다름은 상대를 멀리해야 할 거리감이 아니라 서로에게 배움을 주는 차이구나!'

누군가의 상처와 이야기를 들을 때 그 안에서 자신을 돌아보고 세상을 더 넓게 보게 되었습니다. 다름을 인정할 때 마음을 이해하는 길이 확장된다는 것을 깨달았죠. 편견과 판단 없이 사람을 질문으로 이해하려고 노력할 때 그 사람과 진심 어린 소통이 시작될 수 있다는 것을 배웠습니다. 그 이후로 저는 강의를 할 때마다 전달보다 이해를 먼저 생각하게 되었습니다.

강사가 되고 싶다는 분들을 만나면 종종 이런 말을 듣습니다.

"아직 전문 지식이 부족해서요."

"경험이 없어서요."

하지만 저는 이렇게 말하고 싶습니다.

"지식보다 더 중요한 건 시도와 실패 그리고 그것을 나누는 용기 아닐까요? 상상을 현실로 만들고 싶다면 아직 경험하지 않은 세계에 먼저 발을 들이세요. 두려움 뒤에는 언제나 성장과 새로운 발견이 기다리고 있으니까요.”

결국 진짜 성장은 편안한 익숙함이 아니라 낯설고 서툰 도전 속에서 피어나고, 진짜 소통의 힘은 기술이 아니라 마음에 있습니다.

또한 이프랜드에서 수많은 사람을 만나며 깨달은 점은 배움의 태도를 가질 때 말을 잘할 수 있다는 것이었습니다. 나의 방식만 고집하면 금세 벽에 부딪힙니다. 하지만 사람마다 세계가 다르고, 바라보는 관점이 다르다는 사실을 인정하면 대화는 더 넓은 가능성으로 열립니다. 서툰 만남, 예상치 못한 상황, 두려운 순간조차 새로운 이해와 배움의 기회로 받아들이는 태도가 말의 깊이를 만들어 줍니다.

다름에서 배움을 찾고, 두려움 속에서도 한 발 내딛는 용기를 선택할 때 말은 더 유연해지고, 생각은 더 깊어지며 결국 상대와 연결되는 힘이 생깁니다. 결국 열린 마음으로 배우는 용기가 있다면 누구나 말을 잘할 수 있게 될 거예요.

다름은 멀어져야 할 이유가 아니라 직접 만나 질문해 볼 때 비로소 배움으로 바뀌는 소중한 차이입니다. 한 번의 대화가 생각의 문을 열어 줄지도 모릅니다.

낯선 사람과도 소통을 잘하는 B.D.V 법칙

1 B — Break
내 생각을 깨뜨리는 용기를 가지세요

소통의 출발점은 '내가 무조건 맞다'는 고집을 내려놓는 태도입니다. 내 생각도 틀릴 수 있다는 열린 마음은 상대의 시선을 받아들일 수 있는 가장 강력한 힘입니다. 내 관점을 잠시 멈추는 순간 굳어 있던 사고가 깨지고 새로운 이해가 들어옵니다. 이것은 나를 부정하는 게 아니라 더 넓은 가능성으로 확장되는 과정이죠. 이 용기가 있을 때 비로소 우리는 상대를 제대로 보고, 관계의 문이 열릴 수 있습니다.

2 D — Different
다름을 배움의 기회로 보세요

사람은 각자의 배경과 가치관 속에서 살아오기에 같은 말도 다르게 느끼고, 같은 상황도 다르게 해석합니다. 이 다름을 갈등이 아닌 배움의 기회로 바라보면, 상대를 평가하지 않고 이해하려는 태도가 열립니다. 다름은 나와 상대의 세계가 만나는 지점이며, 내 마음의 경계를 넓히는 성장의 통로입니다. 다름을 배움의 기회로 여기는 태도가 소통을 유연하게 만듭니다.

좋은 소통은 대답보다 질문에서 시작됩니다. "그렇게 말씀하신 의도가 있으실까요?", "어떤 점이 가장 불편하셨어요?" 같이 다양한 질문은 상대의 세계를 탐구하게 만들고 표면 아래 숨겨진 진짜 감정과 욕구를 말하게 만듭니다. 질문을 하지 않으면 상대방을 자꾸 판단하고 오해해 소통의 벽을 만들게 됩니다. 하지만 질문을 하면 이해의 문이 열리죠. 좋은 질문을 던질 수 있는 사람이 가장 깊은 대화를 이끌며 상대의 마음에 가까이 다가갑니다.

나와 다른 사람을 만나 질문해 보기

나와 생각과 성향, 방식이 다른 사람 한 명을 직접 만나서 그를 이해하는 질문을 건네 보세요.

- 그렇게 생각하게 된 계기는 뭐였어?
- 그때 어떤 감정을 느꼈어?
- 그 방식이 편한 이유가 있을까?

질문한 후에 다음 세 문장을 짧게 정리해 보세요.

- 내가 새롭게 알게 된 점은?
- 그 사람을 오해했던 부분은?
- 이 대화를 통해 내가 배운 것은?

말의 온도
진심의 힘

퀴즈 하나 드릴게요. 다음 중 제가 하지 않은 강의는 무엇일까요?

❶ 부부 소통

❷ 자아정체성

❸ 남녀 연애 대화법

❹ 부모 소통

❺ 자살 방지 교육

정답은 5번입니다. 돌아보니 참 다양한 분야의 강의를 했네요. 하지만, 처음부터 그럴 수 있었던 것은 아니었습니다. 처음 부부 소통

강의 제안을 받았을 때는 솔직히 두려웠습니다.

'내가 이걸 할 수 있을까? 전문가도 아닌데 괜찮을까?'

그런데 그 질문 속에 숨어 있던 것은 사실 두려움보다 진짜 성장하고 싶은 마음이었습니다. 저는 강의를 준비하기 위해 책, 영화, TV 프로그램, 유튜브, 다큐멘터리 등 다양한 자료를 보고 분석했습니다. 그중 〈님아, 그 강을 건너지 마오(2014)〉 영화 속 노부부의 모습은 제게 큰 감동을 주었습니다. 낙엽을 쓸며 웃는 장면, 서로의 손을 감싸던 장면을 통해 서로를 존중하는 언어의 중요성을 느꼈습니다. 하지만 강의 자료를 쌓아도 마음은 채워지지 않았습니다. 간접 경험으로는 절대 강의의 진정성을 전할 수 없다는 생각이 들었기 때문이었습니다.

'이것은 강의를 준비하는 게 아니라 나를 성장시키는 시간이다.'

그 순간부터 방향성을 바꾸었습니다. 무언가를 가르치기 위해 준비하던 제가 함께 배우고 성장하기 위해 노력했습니다.

'나만의 할 수 있는 차별화된 강의를 어떻게 전할 수 있을까?'

그 고민 속에 하나씩 새로운 아이디어들이 떠올랐습니다.

'장마전선이 생기는 이유는 찬 공기와 더운 공기가 부딪히기 때문이야. 부부 싸움도 서로 옳다고 주장하니까 장마가 길어지는 게 아닐까? 찬 공기가 북쪽으로 물러나야 장마가 끝나듯 관계도 한쪽이 양보해야 갈등이 해소되지 않을까?'

날씨처럼 관계도 변하는 것이 당연하고, 그 안에 자연의 섭리와 인간의 감정이 맞닿아 있음을 배웠습니다. 이후 강의에서 이렇게 고백했죠.

"저는 부부 소통이 잘 돼서 강의하러 온 게 절대 아닙니다. 신혼 초에 정말 많이 싸웠어요. 서로 다름을 인정하지 못해 결국 날씨처럼 변덕스러운 감정이 이어졌죠. 그런데 그때 결혼 생활은 다른 사람과 맞춰 가는 과정임을 깨달았습니다."

그 말에 청중들이 더 고개를 끄덕여 주었고, 실제 경험한 실수와 고백에 오히려 더 마음을 열어 주었습니다.

자아정체성 강의에서도 열등감 많던 초등학교 시절, 방황하던 대학교 시절 등 누구에게도 한번도 말하지 않았던 제 인생을 나눴습니다.

"선생님 이야기가 제 이야기 같아요. 오늘 강의를 듣고 용기가 생겼어요."

청중들의 반응은 제게 더 큰 가르침을 주었습니다.

'사람들은 정답을 듣기 위해 강의에 오는 게 아니라 자신의 이야기를 발견하기 위해 오는 거구나!'

그때 말하기의 본질을 다시 배웠습니다. 말을 잘한다는 것은 완벽하게 정리된 지식을 전달하는 것이 아니라 내 삶에서 건져 올린 진짜 장면을 용기 있게 꺼내는 힘이라는 것을. 사람들은 '나도 저럴 때가 있었지’ 하고 마음이 닿는 작은 진심의 순간에 더 크게 반응합니다. 그래서 말은 내 경험을 어떻게 해석했는지, 그 안에서 어떤 배움을 얻었는지 나누는 데서 더욱 깊어집니다.

여러분 각자의 삶에도 이미 누군가를 살릴 이야기가 숨어 있습니다. 평범하고 당연하다고 생각했던 여러분의 이야기가 누군가 마음의 봄을 되찾게 할지도 모릅니다.

여러분의 이야기는 누군가에게 길이 되고, 감정의 고백은 누군가의 마음을 열어 줍니다. 마음을 열고 나누는 순간 말은 누군가의 용기가 될 거예요.

진정성을 담아 말하는 G.O.S 법칙

1 G — Grow
나의 성장 스토리를 말하세요

사람들은 잘난 이야기가 아니라 성장한 이야기에 공감합니다. 실패했던 순간, 두려웠던 장면, 버티고 극복했던 과정을 들려주세요. 그 여정 속에서 무엇을 배우고 어떻게 달라졌는지가 진정성의 핵심입니다. 성장 스토리는 말에 온기와 신뢰를 불어넣습니다.

2 O — Open
감정을 열고 말하세요

기억에 남는 말은 감정이 담긴 말입니다. 어색했던 대화, 잘못했던 말, 후회했던 마음을 솔직하게 꺼내는 순간 사람들은 인간적인 면에서 위로를 받습니다. 완벽함보다 솔직한 마음의 온도가 신뢰를 만듭니다.

가르치려 하면 마음이 닫히지만 경험을 공유하면 마음이 열립니다. 작은 시행착오도 누군가에게는 길이 되고, 작은 깨달음도 누군가에게는 용기가 됩니다. 지식은 머리에만 남지만, 삶의 이야기는 마음에 남습니다. 진실된 삶의 경험을 통해 깨달은 지혜를 나눈다면 사람들에게 감동과 변화를 선물할 수 있을 거예요.

실패에서 배운
지혜 나누기

떠오르는 실패 경험 한 가지를 적고, 그때 느꼈던 감정과 배운 점을 말해 보세요.

- -

Ex. 발표를 준비하며 멘트를 완벽하게 외우려고 했습니다. 하지만 무대에서 머리가 하얘져 당황했던 적이 있습니다. '왜 이렇게 외웠는데 말이 안 나오지?'라며 자책도 했습니다. 시간이 지나 깨달았습니다. 말하기는 암기가 아니라 '이해의 흐름'에서 나온다는 것을요.

문장을 통째로 외우면 한 줄만 빠져도 흐름이 무너지지만, 구조를 이해하면 언제든 자연스럽게 복구할 수 있습니다. 그래서 지금은 문장을 외우기보다 이미지·키워드·의도를 중심에 두고 연습합니다.

말은 외우는 기술이 아니라 함께 연결되는 태도와 용기라는 것도 배웠습니다.

06

나다움을 말하는 용기

저는 스피치 강사이자 또 하나의 직업을 가졌습니다. 바로 스피치 크리에이터입니다. 인스타그램, 유튜브, 틱톡에서 사람들과 연결되고 말하기의 힘을 콘텐츠로 전하는 일을 하고 있습니다. 하지만 처음부터 쉬웠던 것은 아니었습니다. SNS를 통해 퍼스널 브랜딩과 수익화를 꿈꿨지만, 아무리 열심히 올려도 반응은 없었습니다. 매일 하나씩 콘텐츠를 만들며 기다렸지만, 성장은 더뎠고 알고리즘의 벽은 높았습니다. '나는 왜 안될까?'라는 생각이 하루에도 몇 번씩 들었죠.

그러던 어느 날, 하나의 콘텐츠가 제 인생을 바꿨습니다.

'500 : 1의 경쟁률을 뚫고 SBS 기상캐스터가 된 이야기!'

그 영상은 무려 144만 조회수를 기록했고, 4,000명의 팔로워가 늘었습니다. 휴대폰 속 숫자가 실시간으로 오르는 것을 보며 '이게 정말 나에게 일어나는 일인가?' 싶었죠.

'사람들은 기술보다 진정성 있는 이야기에 반응하는구나!'

콘텐츠를 통해 개인의 고유한 경험이 사람들의 마음을 움직인다는 것을 알게 됐습니다.

500 : 1의 경쟁률을 뚫고 최종 면접에서 SBS 기상캐스터가 된 이야기

저는 500 : 1 경쟁률을 뚫고 SBS 기상캐스터가 되었습니다. 임원 최종 면접에서 어떤 질문을 받았을까요?

'어떤 캐스터가 될 건가요?'

면접에서 뻔한 질문을 뻔하지 않게 대답하는 것이 중요합니다. 바로 생각나는 답변이 뭘까요? 밝고 긍정적인 캐스터, 신속하고 정확한 정보를 전하는 캐스터. 전문성을 갖춘 캐스터, 이거 너무 뻔하지 않나요? 저는 역발상으로 이렇게 답했습니다.

"저는 기상캐스터의 정체성을 확고히 만드는 기상캐스터가 되고 싶습니다. 최초의 기상캐스터인 김동완 캐스터가 70년대 활동을 시작하셨고, 최초의 여성 기상캐스터인 이익선 캐스터도 91년도부터 시작하셨습니다. 기상캐스터의 역사가 짧기에 연예인인지 아나운서인지 기상청 소속인지 잘 모르시는 분들이 많습니다. 저는 시청자분들에게 기상캐스터가 어떤 일을 하는 사람인지 확실히 알려 드릴 수 있는 캐스터가 되고 싶습니다. 나아가 기상캐스터의 역사를 만들어가는 사람이 되고 싶습니다."

그 이후로 콘텐츠의 관점이 완전히 바뀌었습니다. '사람들이 진짜 필요로 하는 건 무엇일까?', '내 경험에서 어떤 메시지로 도움을 줄 수 있을까?' 하는 질문들로 머릿속이 가득 찼습니다. 그리고 아이디어를 떠올릴 때마다 즐거웠습니다. 창의성은 억지로 짜내는 게 아니라 즐거움 속에서 꽃핀다는 것을 알았거든요.

물론 시행착오도 많았습니다. 새로운 스피치 법칙을 만들기 위한 고민의 연속이었고, 악플이 상처가 된 적도 있었습니다. '너무 길어서 탈락', '질문 의도를 모르는 답변' 같은 말들이 처음에는 가시처럼 박혔지만, 비판 속에도 생각은 다르고 다양한 관점을 수용하는 열린 태도를 가져야 배우고 성장할 수 있다는 것을 깨달았습니다. 이제는 조회수가 낮아도 이렇게 생각합니다.

'이유가 있을 거야. 어떤 식으로 바꾸면 좋을까?'

그때마다 공유, 저장, 시청 시간, 도달 비율 등 인사이트를 분석한 뒤 나다운 콘텐츠를 준비합니다. 그 과정이 이제는 두려움이 아니라 도전의 기회가 된 거죠. 진짜 브랜딩의 힘은 숫자가 아니라 진심이며, 내가 왜 이 일을 하는지, 무엇을 위해 말하고 있는지 중심을 잃지 않을 때도 악플에도 무관심에도 흔들리지 않게 된다는 것을 배웠습니다. 감사하게도 인스타그램을 통해 저는 7만 명이 넘는 사람들과 연결되었습니다.

콘텐츠를 만들며 말하기의 또 다른 본질을 배웠습니다.

'내 경험을 어떻게 해석하고 나답게 표현하느냐가 중요하구나!'

조회수가 높든 낮든, 사람들의 반응이 뜨겁든 조용하든 그 속에는 늘 배울 수 있는 힌트가 있었고, 그 힌트를 읽어 내는 순간 말은 더욱 단단해졌습니다. 말하기는 정답을 찾는 것보다 끊임없이 시도하며 나만의 언어를 찾아가는 과정이라 생각합니다. 악플도, 무반응도, 시행착오도 결국 더 명확한 메시지를 만들기 위한 말의 재료였습니다. 결국 좋은 말하기는 나만이 줄 수 있는 가치를 발견해 그것을 흔들리지 않는 태도로 전하는 것이라는 사실을 콘텐츠가 제게 가르쳐 주었네요.

따뜻한 말 한마디

여러분의 이야기도 누군가에겐 힘이 됩니다. 조용히 쌓아 온 시간은 결코 헛되지 않고 어느 순간 새로운 문을 열어 줍니다. 포기하지 말고 계속 나아가세요. 여러분의 진심은 반드시 누군가에게 닿을 거예요.

콘텐츠로 배운 말 잘하는 H.F.C 법칙

1 H — Hooking
첫 문장으로 마음을 붙잡으세요

말은 시작 5초 안에 운명이 결정됩니다. 처음에는 마음을 움직이는 공감 질문으로 시작하면 좋습니다. '횡설수설해서 고민되시죠?' 같은 한 문장은 즉시 공감의 문을 열고 관계를 가깝게 만듭니다. 후킹(Hooking)은 관심을 끌기 위한 자극이 아니라 내가 상대의 문제를 알고 있다는 신호이며, 청중을 '더 듣고 싶다'는 마음으로 이끌어 주는 출발점입니다.

2 F — Formula
나만의 법칙으로 말의 리듬을 만드세요

사람들은 길게 말한 설명보다 구조화된 한 문장을 오래 기억합니다. SPSR, QTM처럼 나만의 법칙을 만들면 메시지가 단순해지고, 리듬이 생기며, 반복될수록 나만의 브랜드 언어가 됩니다. 지금도 제가 비밀 노트에 법칙을 만들고 있는 것처럼 말이죠. 법칙은 사람들의 머릿속에 메시지를 각인시키는 도구입니다. 콘텐츠든 강의든 법칙화하면 여러분의 인사이트는 한 문장으로 즉시 떠오르는 영향력이 됩니다.

3 C — C.T.A(Call to Action) 감동에서 행동으로 안내하세요

좋은 말하기는 감동으로 끝나지 않습니다. 감탄은 감정의 변화이지만, C.T.A(Call To Action)는 삶의 변화를 만드는 힘입니다. '저장하셔서 한 문장만 연습해 보세요', '지금 떠오르는 사람에게 공유해 주세요'처럼 작고 구체적인 행동을 안내할 때 청중은 실제로 움직이고, 경험을 쌓으며, 변화하기 시작됩니다.

콘텐츠 인사이트
나누기

최근 본 콘텐츠 중 마음에 남는 것을 하나 고르세요. 왜 이 콘텐츠에 끌렸는지 적어 보세요. 그 이유를 정리해 대화나 스피치에 활용해 보세요.

Ex. 완벽주의 탈출을 위한 30일 릴스 챌린지에 도전하는 콘텐츠가 인상 깊었습니다. 그녀는 무직 백수 청년이며 퇴사한 지 9개월 차가 됐고, 통장 잔고 앞자리가 사라졌다고 고백하며, 하고 싶은 일을 준비하다가 아무것도 제대로 하지 못할 것 같아서 올리고 있다고 말합니다. 이 콘텐츠를 보고 솔직히 고백하는 그녀의 용기가 참 대단하다고 생각했습니다. '불완전함을 숨기지 않고 누군가 대신 말해 줄 때 공감과 깊은 연결을 만드는구나!' 하는 것을 그녀의 콘텐츠를 통해 배웠습니다.

07

매일 말 연습을 하는 루틴

"선생님, 저는 말을 잘 못해요."

스피치 강사로 살며 수없이 들은 말입니다. 하지만 말이 막히는 것은 기술이 부족한 것보다 감정이 막혀 있기 때문이라는 것을 깨달았죠. 사람들 안에 숨은 여섯 가지 감정이 입을 얼어붙게 합니다.

❶ 낮은 자존감. 틀릴까 봐, 평가받을까 봐 말이 얼어붙는 마음

❷ 자기중심성. 옳고 그름에 갇혀 대화의 문을 닫는 태도

❸ 생각의 부족. 스스로에게 질문하지 않아 생각이 멈춘 상태

❹ 목표와 기준의 부재. '말 잘한다'의 기준이 없어 방향을 잃은 사람들

❺ 자기평가의 결여. 자신의 말버릇을 돌아보지 못해 늘 같은 실수를

❻ 환경의 부재. 연습 없이 무대만 기다리는 루틴이 없는 삶

이 여섯 가지 감정의 벽을 허물지 않으면 말을 절대 잘할 수 없다는 것을 깨달았습니다. 그래서 말 기술을 배우기 이전에 차가운 마음의 공기를 먼저 데우는 것이 중요하다고 생각했기에 2023년 10월 스피치 챌린지를 시작했습니다. 세 가지 미션으로 마음을 여는 루틴을 정했는데요.

첫째, 준비운동으로 나에게 예쁜 말 다섯 문장을 연습합니다.

"오늘도 흔들렸지만, 끝내 포기하지 않은 나를 칭찬해."

"완벽하지 않아도 괜찮아, 나는 지금 충분히 아름답게 자라고 있어."

"천천히 가도 돼, 중요한 건 멈추지 않는 마음이야."

"비교가 아닌 성장을 선택하는 나, 정말 용감해."

"말 한마디로 세상을 따뜻하게 만들 수 있는 사람이 바로 나야."

예전엔 실수할 때마다 스스로를 몰아붙였어요.

'왜 그것밖에 못하니? 더 해야지!'

그 말이 마음에 돌처럼 쌓여 숨이 막히는 것 같았죠. 하지만 나에게 예쁜 말을 선물하면서 마음에 온기가 도는 것을 느꼈습니다. 나를 다정히 바라보게 되고, 실패를 걱정하기보다 나를 믿고 도전하게 됐죠. 넘어져도 다시 일어날 수 있다는 내면의 회복력을 믿게 되었거든요.

나에게 보내는 따뜻한 시선은 나에게서 시작되어 타인에게도 전해집니다. 예전엔 스스로를 평가하며 냉정한 잣대를 들이댔지만, 나에게 다정한 말을 건네기 시작하자 세상을 보는 눈도 달라졌죠. 내가 나를 칭찬하면 타인에게도 칭찬이 쉬워지고, 스스로를 격려하면 타인의 노력에도 진심으로 응원하게 되죠. 나를 이해하려 애쓰면 상대의 말에도 귀 기울이게 되고, 결국 따뜻한 질문과 공감, 격려가 자연스레 흘러나옵니다. 나를 향한 시선이 부드러워질수록 세상도 조금 더 따뜻해지는 것을 느꼈습니다.

둘째, 섀도잉 원고 낭독으로 언어의 결을 바꾸는 시간을 갖습니다. 라디오 DJ 오프닝, 강연, 리포터 멘트 등 다양한 원고를 낭독하며 언어의 감각을 익힙니다.

"오늘을 허투루 쓰지 않는 정성이 우리의 날을 귀하게 엮어 줄 거예요."

이런 문장을 계속 말하고 연습해 보면 표현이 섬세해지고, 시선이 따뜻해집니다.

저는 섀도잉 원고 낭독을 꾸준히 하며 놀라운 변화를 느꼈습니다. 먼저 어휘력이 확장되었죠. '오늘을 허투루 쓰지 않는 정성' 같은 표현을 연습하며, 그동안 쓰지 않던 단어들이 내 안에 쌓였습니다. 또한 스피치 논리 구조가 눈에 보이기 시작했어요. 유명 강사들의 원고를 따라 읽으며, '문제 제기-공감-해결-메시지', 'Before/ After 구조', '세 가지로 말하기' 등 논리 구조와 흐름을 익히니 즉석 스피치를 할 때 머릿속에서 자연스럽게 구조화되어 자신감 있게 말 할 수 있게 됐습니다. 말을 하면서 원고에 얽매인 말이 아니라 생각 의 방향대로 스스로 조율할 수 있게 되었습니다.

무엇보다 섀도잉 원고를 낭독하며 배운 것은 사람과 세상을 바라 보는 시선이었습니다. 매일 반복되는 문장 속에서 사람과 세상을 따 뜻하게 바라보는 법을 배웠습니다. 그 덕분에 예전엔 불안과 불평, 불만이 많았던 하루가 이제는 감사와 감동, 감탄으로 채워지고 있 습니다. 매일 좋은 말을 내 안에 담으며 새로운 언어의 옷을 입게 된 거죠. 새로운 언어의 옷을 입으니 그동안 보이지 않았던 새로운 세 상이 보였습니다.

세 번째로는 나를 사랑하는 즉석 1분 스피치입니다. 주 3회, 좋은 질문 하나로 과거와 현재, 미래를 순환합니다.

"겨울 하면 생각나는 추억은?"

"오늘 나를 웃게 한 순간은?"

"새해 내가 꼭 하고 싶은 것은?"

이 짧은 대화가 자신을 이해하는 시간이 되었고, 감정과 욕구를 스스로 돌보는 습관을 만들어 갈 수 있었습니다. 타인의 말에 쉽게 흔들리지 않고, 나만의 속도로 성장하고 있다는 내면의 확신과 단단한 중심이 생기게 됐습니다. 즉석에서 말할 기회가 있을 때 예전에는 많이 긴장되고 생각한 대로 말이 잘 나오지 않아 당황했던 순간이 많았는데요. 생각을 정리하는 시간도 단축되었고, 그 생각을 말로 표현하는 것이 섬세하고 농밀해진 느낌이 들었습니다.

한번은 대학생 PT 발표 대회에서 심사위원으로 참여하게 되었습니다. 즉석으로 자기소개와 총평을 해야 했는데, 어떤 말을 전할지 잠시 고민이 되었죠. 하지만 매일같이 연습하며 쌓아 온 시간들이 있었기에 자연스럽게 마음이 이끄는 대로 진심을 담아 말할 수 있었습니다. 그때 청중이 제 이야기에 집중하고 있다는 게 느껴졌어요. 그 눈빛 속에서 마음도 서서히 뜨거워졌습니다.

'아, 내가 애써 쌓아 온 시간들이 이렇게 단단한 언어로 이어지고 있구나.'

그 순간 가슴 뭉클한 감동이 밀려왔습니다. 행사가 끝난 뒤 한 심사위원이 다정하게 이런 말씀을 건네셨어요.

"대표님, 학생들의 발표도 훌륭했지만 대표님의 말씀에서 진심이 느껴졌습니다."

그 말을 들으며 속으로 이렇게 되뇌었습니다.

'프로라서 다른 게 아니라 매일 연습한 시간들이 만들어 준 결과였구나.'

경험을 통해 진짜 하고 싶었던 이야기를 꺼내고 스스로 감동을 선물 받은 값진 시간이었습니다.

말은 하루아침에 달라지지 않습니다. 조용히 반복한 하루의 연습들이 마음속에서 천천히 언어가 되어 쌓이고 자라는 것이죠. 하루 다섯 문장의 예쁜 말, 섀도잉 원고 낭독 그리고 1분 스피치, 이 작은 루틴들이 쌓여 어느 순간 언어는 근육처럼 단단해집니다.

'아, 내가 쌓아 온 말들이 이제는 나를 지탱해 주는 힘이 되었구나.'

조각가가 한 작품을 오랫동안 다듬듯 이 루틴이 계속될수록 말의 결이 달라지고, 생각의 속도와 감정의 온도까지 정교해졌습니다. 그리고 매일 쌓인 단어들이 내 세계를 넓히고 세상을 바라보는 관점까지 변화시켰습니다. 언어를 통해 삶을 대하는 태도와 관점까지 배울 수 있었습니다.

외국어를 잘하기 위해 여러분 매일 공부했던 경험 있으시죠? 우리의 언어에도 그런 정성이 필요하지 않을까요? 스피치 강사가 되고 난 뒤 늘 안타까움을 느꼈습니다.

'왜 외국어는 매일 반복 연습을 하면서 정작 우리의 진짜 대화를 위한 말 연습은 하지 않을까?'

언어는 삶을 바꾸는 힘입니다. 말은 관계를 바꾸고 태도를 바꾸며 결국 나의 인생을 바꾸기 때문이죠. 그래서 지금도 매일 말 연습을 합니다. 제자리에서 멈추지 않기 위해. 그리고 삶의 언어를 더 따뜻하고 단단하게 만들기 위해. 그리고 많은 사람들에게 그 힘을 전하기 위해.

 즉석 스피치 예시 1. 심사위원 오프닝 멘트

 즉석 스피치 예시 2. PT 발표 대회 심사평

매일 쌓아 온 말들이 결국 삶을 바꾸는 힘이 됩니다. 작은 연습일지라도 절대 헛되지 않아요. 마음속에 담은 작은 문장 하나가 내일의 단단한 말을 만들어 줄 거예요.

1분 스피치를 잘하는 E.D.K 법칙

① E — Episode
질문으로 장면을 꺼내세요

1분 스피치는 거창한 이야기가 필요하지 않습니다. '언제 가장 설렜지?', '최근에 나를 웃게 한 순간은?' 같은 질문 하나면 충분합니다. 질문을 던지면 마음속에 장면 하나가 떠오르는데, 그 장면이 바로 스피치의 시작점입니다. 길게 설명하려 하지 말고 떠오르는 하나의 순간을 선택하세요.

② D — Detail
'고수따감깨'로 구체적으로 말해 보세요

머릿속에 그림이 그려지게 말하는 것이 좋은 스피치입니다. 고유명사(고), 수치(수), 따옴표(따), 감정(감), 깨달음(깨)를 더해 구체적으로 말해 보세요. '카페에서 커피를 마셨어요'보다 '동네 라엘이란 카페에서 바닐라 라떼를 마셨는데 몸과 마음이 편안해지는 느낌이 들더라고요' 이렇게 말하면 훨씬 생생하게 들리죠. 디테일은 청중의 감각을 깨우고 이야기에 온도를 더합니다.

1분 스피치는 결국 한 문장을 남기기 위한 말하기라고 할 수 있어요. 청중이 떠올렸으면 하는 문장, 마음에 담아가길 바라는 문장을 한 줄 메시지로 또렷하게 정리해 보세요. '그래서 이 경험을 통해 제가 느낀 건요' 하고 이어 가며 핵심을 말하는 순간 청중은 이야기를 자신의 삶의 힌트로 받아들입니다. 이러한 핵심 메시지가 청중과 연결되게 만들고, 스피치를 의미 있게 완성합니다.

고.수.따.깜.깨로
1분 스피치

고유명사·수치·따옴표·감정·깨달음을 넣어 어린 시절 행복했던 추억을 1분 스피치로 말해 보세요.

Ex. 제가 가장 행복했던 어린 시절의 추억은 음력 1월 1일 설날의 기억입니다. 대전에서 자랐던 저는 명절마다 공주 마곡사에 계신 할머니 댁으로 갔는데요. 가로등 하나 없는 시골 밤길, 손전등 빛만 따라 걷던 그 풍경이 아직도 또렷합니다. 할머니의 따뜻한 아궁이, 장작 타는 냄새, 개울에서 잡던 피라미와 다슬기, 밤송이 까던 손끝의 감촉…

별이 쏟아지는 하늘 아래서 친척 오빠와 언니들과 뛰어놀던 그 시간들은 도시에서는 절대 경험할 수 없는 특별함이었죠. "자면 눈썹이 하얘져"라는 말을 철석같이 믿고 밤새 버티려 했지만 잠들었고, 아침에 일어나 보니 눈썹이 정말 하얘져 있었어요. 알고 보니 친척 오빠가 제 눈썹에 치약을 발라 둔 장난이었죠. 그 어린 시절의 추억이 아직도 마음을 포근하게 해 줍니다.

어린 시절 명절은 제게 가족과의 축제였습니다. 함께 모여 북적이는 소리, 불빛 없는 밤하늘의 별, 자연과 사람의 온기가 뒤섞였던 시간들. 돌아갈 수는 없지만 떠올리는 것만으로도 마음이 충만해집니다. 추억은 시간이 지나도 다시 우리를 따뜻하게 데워 주는 마음의 난로와 같다고 생각해요. 여러분에게는 어떤 행복했던 추억이 있나요?

08

일상 언어의 관찰자

예전엔 '말을 잘한다'는 게 유창하고 논리적이며 센스 있는 사람의 몫이라고 생각했습니다. 그래서 저도 그렇게 되고 싶어서 끊임없이 기술을 연습했습니다. 발음, 속도, 시선, 제스처까지. 하지만 어느 순간 이런 의문이 생겼습니다.

'그런데 왜 여전히 마음을 움직이는 말은 어렵지?'

그때 말의 본질은 마음에 있다는 것을 깨닫고 일상의 말을 새롭게 보기 시작했습니다. 카페에서 친구가 건넨 짧은 위로 한마디, 엘리베이터 안의 어색한 인사, 수강생의 떨리는 자기소개까지. 그 안에 사람의 마음과 삶의 온도가 담겨 있었습니다. 그래서 그때부터 일상의 말을 자세히 관찰하게 되었습니다. 하루를 마무리하며 마음에 남은 대화의 한 문장을 노트에 적었고, '왜 이 말이 내 마음을 울렸을까?'를 곱씹어 보았습니다. 그게 습관이 되자 어느새 제 말에도 따뜻함이 스며들기 시작했습니다.

결국 말을 잘한다는 것은 삶을 섬세하게 바라볼 줄 아는 마음의 태도라는 것을 확신하게 되었습니다. 저는 오늘도 그 일상의 말들 속에서 저만의 인생 해답을 찾고 있습니다. 다음은 일상을 관찰하며 깨달은 삶의 지혜에 대한 이야기입니다.

배운 말을 내 방식대로 새롭게 말해 보자

어느 날 일곱 살 딸에게 '화사하다'라는 말을 알려 줬습니다. "얼굴이 화사해", "꽃이 화사해" 그렇게 설명해 주고 있었는데, 딸은 부엌 전등을 가리키며 "엄마, 저 불빛이 화사해"라고 말했습니다. 또 동화책에서 "바람이 솔솔 분다"라는 표현을 알려 줬더니 며칠 뒤에 "태권도에서 운동하고 오니까 땀이 솔솔솔솔 났어"라고 표현했죠.

아이는 단어를 배우고 그대로 따라 하지 않았어요. 자신의 감각으로 해석하고, 자신만의 느낌으로 말을 바꿔 썼습니다. 아이를 통해 말을 잘한다는 것은 배운 말을 내 안에서 소화하고 응용하는 힘이라는 것을 깨달았습니다. 그때부터 저도 아이처럼 세상을 호기심으로 관찰하려 애쓰기 시작했습니다. 평범한 일상에 새로운 언어가 숨어 있다는 것을 깨달았기 때문입니다.

예쁜 말은 마음의 유산이 된다

어느 날 딸에게 "행복이 오지 않으면 만나러 가자"라는 말을 알려 줬습니다. 웃으며 그 말을 함께 따라했던 그날이 참 따뜻했습니다. 몇 달 뒤 딸에게 이런 질문을 던졌습니다.

"행복이 없는데 어디 있을까? 행복아, 어디 있니?"

그 질문에 딸은 환하게 웃으며 말했습니다.

"엄마 마음에 있잖아. 행복이 없으면 만나러 가야지!"

순간 마음이 뭉클해지며 깨달았습니다. 아이들은 부모의 말을 듣고 흘려보내지 않습니다. 마음에 담아 두고, 그것을 자기만의 말로 되살려 냅니다. 부모가 하는 말에는 결국 아이가 세상을 어떤 눈으로 보게 할지를 결정하는 힘이 있다는 것을 깊이 느꼈습니다.

말을 잘한다는 것은 내가 경험한 소중한 마음을 예쁜 말로 꺼내어 누군가의 마음에 온기를 전하는 것! 그것이 진짜 말 잘하는 방법임을 아이들을 통해 매일 배우고 있습니다. 그래서 부모로서 아이에게 줄 수 있는 예쁜 말을 유산으로 전하기 위해 노력하고 있습니다.

평범한 하루를
소중하게 생각하자

겨울방학이 끝나갈 무렵, 첫째 딸에게 물었습니다.

"라엘아, 방학 동안 즐거웠던 일 1, 2, 3위만 뽑아 볼까?"

저는 속으로 '친구들과 롯데월드에 놀러 간 날이 분명 1위겠지, 아니면 고모네 집에 놀러 갔던 날일까?' 생각하며 기대 어린 마음으로 기다렸는데, 딸은 웃으며 말했습니다.

"엄마, 3위는 고모네 집에서 놀았던 일! 2위는 친구들이랑 롯데월드 간 일!"

"그럼 1위는 뭐야?"

제가 웃으며 묻자, "1위는… 모든 하루하루가 즐거웠어!"라는 답이 돌아왔습니다. 그 순간 제 코끝이 찡해졌습니다. 특별한 이벤트가 아닌 매일의 평범한 하루를 즐거움으로 기억하는 아이의 마음. 아이로부터 큰 지혜를 배웠습니다.

우리는 종종 특별한 날, 특별한 사건에서만 기쁨을 찾으려 합니다. 하지만 아이의 말을 통해 '평범한 하루도 즐거울 수 있지. 하루하루가 모여 내 인생인데…' 이런 생각을 하면서, 하루가 대단하지 않아도 오늘을 사랑하고 감사하면서 살자고 다짐했습니다. 또한 평범한 말을 따뜻하게 전하는 힘이 중요하다는 것을 딸을 통해 배웠습니다.

효율보다
의미가 중요하다

한 청소년 수강생과 나눈 대화가 제게 준 울림은 지금도 잊을 수 없습니다. 제가 수업 중 이렇게 물었어요.

"시간을 효율적으로 쓰기 위해서 어떤 노력을 하고 있니?"

학생은 고개를 갸우뚱거리더니 이렇게 말했습니다.

"저는 잘 못해요. 그런데 시간을 효율적으로 쓰는 것보다 의미 있게 쓰는 게 더 중요한 거 아닐까요?"

그 당당한 한마디가 저를 멈추게 했어요. 저는 매일 강의를 준비하고, 콘텐츠를 만들고, 모든 순간에서 더 빠르고 완벽하게 하려 애쓰고 있었죠. 하지만 그 안에서 '내가 기뻤던 순간, 마음이 따뜻해지는 순간의 의미를 정말 느끼고 있었을까?' 돌아보게 되더라고요. 그날 이후 강의가 끝난 뒤 이렇게 묻기 시작했습니다.

'오늘 나는 어떤 의미로 살았을까?'

'내 말 속에 어떤 마음을 담았지?'

학생의 말을 통해 의미 있는 인생의 순간을 바라보는 것이 중요하다는 것을 배웠습니다.

마음의 소리를 듣는 경청이 중요하다

말을 못해 고민인 대학생 수강생이 있었어요. 부모님께서 보내셨는데 말하기를 싫어했죠. '왜 말하기를 싫어할까?' 궁금해졌어요. 그래서 어느 정도 수업이 진행됐을 때 조심스럽게 물어봤죠.

"혹시 사람과의 대화가 싫어진 어떤 계기가 있을까?"

그랬더니 그 학생은 고민하다가 자신이 상처를 입은 경험을 조용히 고백했습니다.

"고등학교 때 친구에게 돈을 빌려줬는데, 안 갚고 연락을 끊더라고요. 그 뒤로 사람을 못 믿겠어요. '사람들은 나를 이용하는구나!'라는 생각이 드니까 얘기하기 싫어졌어요."

처음에는 이 학생이 말이 서툴러서 혹은 발표 경험이 부족해서 말을 어려워한다고 생각했죠. 그런데 그날 그 속마음을 듣고 알게 되었습니다. 이 학생의 말을 가로막은 것은 사람에 대한 마음의 상처였다는 것을요. 상처는 마음을 닫게 하고, 닫힌 마음은 말도 닫히게 합니다.

그날 이후 스피치 코칭 방식이 달라졌습니다.

"혹시 지금까지 살면서 사람 때문에 힘든 일 있었을까요? 무엇이 가장 힘든가요?"

‘발음 잘하는 법’, ‘논리적으로 말하는 법’을 가르치기 전에 먼저 마음의 소리를 경청하려 노력하게 되었습니다.

말 잘하기의 시작은 귀로부터 시작된다는 것을 깨달았죠. 진심으로 들을 줄 아는 사람이 되어야 비로소 말에도 진심이 깃든다는 것을 이 학생을 통해 배웠습니다.

말을 잘하기 위해서는 일상 속 작은 말들을 조용히 바라보며 그 안에 담긴 마음의 떨림을 느껴야 한다는 것을 깨달았습니다. 스쳐 지나가는 한마디에도 숨은 감정이 있고, 평범한 하루의 대화 속에도 누군가의 세계가 들어 있습니다. 그것을 알아보려는 마음이 말의 깊이가 되고, 그 마음을 품고 다시 말을 꺼낼 때 언어에는 따뜻한 온기가 담기죠.

말을 잘한다는 것은 결국 사람에게 마음을 열고, 일상 속 작은 언어들을 내 온기로 다시 품어 내는 일입니다. 그래서 저는 마음이 머문 대화에 시선을 두려 합니다. 그 속에 사람과 세상을 배우는 진짜 지혜가 숨겨져 있으니까요.

따뜻한 말 한마디

대화 속 숨은 의미를 발견하는 순간 말은 마음의 온기로 흐르게 됩니다. 작은 말 한마디에 담긴 온기를 알아보는 그 시선이 여러분의 말을 더 따뜻하게 바꿔 줄 거예요.

일상의 언어를 잘 관찰하는 T.F.D 법칙

1 T — Turn off 내 안의 소음을 끄세요

말을 잘하기 위한 첫 단계는 귀보다 마음을 열어야 합니다. 비교, 불안, 조급함 같은 마음의 소음이 크면 우리는 상대의 말을 있는 그대로 듣지 못하게 되죠. 들으면서도 판단하고, 해석하고, 나의 생각을 자꾸 덧씌우게 되죠. 하지만 그 소음을 잠시 내려놓는 순간 스쳐 지나던 말의 결이 비로소 선명하게 들립니다. 마음이 조용해져야 상대의 진짜 목소리가 내 안에도 조용히 닿게 됩니다.

2 F — Focus 사람의 말에 시선을 두세요

사람의 말에는 숨은 감정이 담겨 있습니다. 말을 잘하는 사람은 사람의 마음이 머무는 곳에 집중하는 사람입니다. 상대의 눈빛, 숨, 목소리의 떨림까지 바라보며 들을 때 비로소 말의 본질이 보입니다.

말은 귀로 듣지만 마음으로 이해하는 것이 더 중요합니다.

D — Discover
대화 속 의미를 발견하세요

일상 속 말들은 모두 작은 메시지를 품고 있습니다. 아이의 표현, 친구의 위로, 수강생의 떨리는 말 한마디. 그 안에서 '왜 이 말이 내 마음을 움직였지?'를 발견하는 순간 언어도 깊어집니다. 삶 속에서 발견한 의미를 나의 언어로 다시 해석해 표현할 때, 그 말은 누군가의 마음을 바꾸는 따뜻한 언어가 됩니다.

일상 언어 관찰하기

최근 나눈 짧은 대화 한 장면을 떠올려 보세요. 먼저 내 안의 불안과 편견 같은 소음을 잠시 끄고, 그 사람이 남긴 말의 숨은 마음과 의미를 발견해 보는 거예요. 그리고 그 의미를 기록해 보세요.

Ex. 일곱 살 딸이 유치원 행사로 한복을 입고 등원하게 되었습니다. 엘리베이터에서 만난 이웃이 한복을 입은 딸의 모습을 보며 이렇게 말했죠.
"이런 모습은 드라마에서만 보는데 이렇게 예쁜 모습을 보다니 행운이네."
이 말을 들은 아이의 입가에는 수줍은 미소가 번졌고, 그녀의 따뜻한 말에 감동했습니다.
'사람에 대한 따뜻한 시선의 언어가 가장 감동적인 선물이구나!'
그분의 말을 통해 소중한 지혜를 얻었습니다.

09

나만의 언어는
어떻게 만들어질까

"저는 말을 원래 잘 못해요. 말 잘하는 사람은 타고나는 거 아닌가요?"

그럴 때마다 저는 이렇게 대답합니다.

"말 잘하는 사람은 타고나는 게 아니라 발견하고 연결하고 실천하는 사람이에요."

저 역시 처음부터 말을 잘했던 것은 아닙니다. 다만 세상과 사람에 대한 호기심이 많았고, 그 호기심을 관찰과 실천으로 이어 가며 말의 감각을 키워 왔습니다. 어떻게 실천했냐고요? 저는 세 가지를 꾸준히 실천했습니다.

영화 〈웡카〉에서
얻은 통찰

어느 날 아이들과 함께 영화 〈웡카(2024)〉를 봤습니다. 주인공 윌리 웡카는 어려운 환경에서도 초콜릿을 만들며 꿈을 포기하지 않았죠. 그는 세상 어디에도 없는, 기린 우유 같은 신선한 재료로 만든 초콜릿으로 사람들에게 즐거움과 희망을 선물했습니다. 마찬가지로 '말을 잘하는 것도 나만의 경험이란 신선한 재료를 갖고 사람들에게 즐거움과 희망을 주는 것이 아닐까? 웡카가 초콜릿에 상상력을 넣었듯이 말에도 진심과 따뜻함을 넣었을 때 사람들이 좋아하지 않을까?' 이런 생각을 하게 됐습니다.

또 영화의 마지막 부분에 이런 대사가 나옵니다.

"초콜릿의 비밀은 함께 나누는 사람들이다."

이 대사를 들은 뒤 '스피치로 누군가와 만나고 나눌 때 의미가 생기는 게 아닐까?'라는 생각이 들었죠. 그날의 감동은 저를 움직이게 한 인풋의 시작이었습니다.

샤갈, 피카소, 가우디에게
얻은 통찰

〈걸어서 세계 속으로〉라는 프로그램을 보던 중 샤갈, 피카소, 가우디의 이야기가 마음에 남았습니다. 그들의 삶은 예술이었고, 그 이야기가 스피치 철학으로 다가왔습니다.

샤갈은 《성경》이라는 보편적인 이야기에 자기 경험을 녹여 새로운 이야기를 만들었습니다. 말도 마찬가지입니다. 추상적인 말보다 나의 경험과 어휘가 담긴 말이 오래 남습니다. 샤갈은 따뜻한 남프랑스의 햇살을 사랑했습니다. 우리의 말도 마찬가지죠. 옳은 말보다 온기가 담긴 말이 사람의 마음을 엽니다. 샤갈은 상실과 전쟁의 아픔을 그림에 녹였기에 그의 예술은 진실했습니다. 저 역시 발표 불안이 심했기에 스피치 강사가 될 수 있었습니다. 결핍과 두려움이 성장의 씨앗이 되었고, 그 이야기가 지금의 저를 만들었습니다.

피카소는 처음부터 천재 화가가 아니었습니다. 어릴 적엔 수많은 그림을 모방하며 시작했고, 그 경험을 통해 자신만의 스타일인 '입체파'를 완성했죠. 말도 같습니다. 처음부터 잘하는 사람은 없습니다. 저도 말 잘하는 사람들의 영상을 하루도 빠짐없이 섀도잉으로 따라 말하며, 표현과 논리, 어휘를 익혔습니다. 처음 피카소가 모방을 통해 예술가로 성장했던 것처럼 말 역시 모방에서 시작해 자기 언어로 변주할 때 예술이 된다는 것을 깨달았습니다.

가우디의 건축은 직선을 거부합니다. 자연의 곡선을 닮아 있고, 감정의 흐름이 느껴지죠. 우리의 말도 딱딱한 설명보다 감정이 흐르는 말이어야 합니다. 가우디가 깨진 타일과 버려진 유리 조각으로 세상에 하나뿐인 건축물을 만들었듯 우리의 말도 평범한 일상과 작은 대화 속에서 탄생합니다.

이렇게 얻은 영감들은 제 콘텐츠로 이어졌습니다. 웡카의 이야기를 블로그 글로, 샤갈과 피카소, 가우디의 통찰을 영상과 강의로 풀어 냈습니다. 그 과정을 통해 저는 확신하게 되었습니다.

'말하기는 예술이다.'

말을 잘한다는 것은 세상을 관찰하고, 감각을 연결하고, 경험을 실천하는 예술 행위와도 같습니다. 저는 오늘도 그 예술을 연습합니다. 관찰해 인풋을 쌓고, 연결을 통해 해석하고, 콘텐츠로 아웃풋하며 제 언어를 세상과 나누는 것이 말 잘하기의 본질임을 깨달았습니다.

결국 내 안의 세계를 정교하게 다듬어가는 과정을 거쳐야 말을 잘할 수 있습니다. 인풋은 마음을 흔드는 순간들을 모아 감각을 채우는 일이고, 연결은 그 감각을 나만의 시선으로 재해석하는 작업이며, 아웃풋은 그것을 세상과 나누며 다시 단단하게 만드는 순환입니다. 이렇게 마음으로 채우고, 창의적인 시선으로 융합하고, 언어로 꺼내는 과정을 반복하다 보면 어느 순간 나만의 언어가 탄생하게 되죠. 말 잘하기의 본질은 세상을 다른 관점으로 바라보고 마음으로 느낀 것을 나답게 표현하려는 삶의 태도에 있다는 것을 확신하게 되었습니다.

여러분이 발견한 작은 감동은 그냥 스쳐 지나가는 순간이 아니라 마음속에서 새로운 언어가 자라는 씨앗입니다. 그 씨앗을 소중히 기록하는 하루가 내일의 더 따뜻한 말을 만들어 줄 거예요.

나만의 언어를 만드는
I.M.O 법칙

① I — Impress
감동적인 순간을 느끼세요

말은 머리에서 시작되지 않고 마음에서 피어납니다. 일상의 작은 떨림을 놓치지 마세요. 영화 속 한 장면, 아이의 짧은 한마디, 스쳐 지나가는 풍경 하나에도 언어의 씨앗이 숨어 있습니다. 감동이 있는 말만이 마음을 움직입니다. 마음이 흔들린 순간을 기록하고 저장해 두면, 그것이 나만의 언어가 되는 첫 출발점이 됩니다.

② M — Mix
관심 분야와 융합하세요

좋은 스피치는 배운 것이 아니라 해석한 것에서 시작됩니다. 샤갈이 《성경》에 자신의 삶을 녹였듯, 피카소가 모방을 넘어 자신만의 화풍을 만들었듯, 말도 나만의 시선이 더해질 때 생명력을 가집니다. 좋아하는 분야, 경험, 배움을 서로 연결해 보세요. 전혀 다른 세계를

섞을 때 새로운 스피치 소재가 탄생하고, 그 말은 오래 기억되는 고
유의 언어가 됩니다.

배움은 표현될 때 비로소 내 것이 됩니다. 느낀 것과 배운 것을 글로
쓰고, 말로 나누고, 콘텐츠로 만들어 보세요. 작은 아웃풋을 꾸준히
쌓는 순간 말은 습관이 되고, 습관은 결국 나라는 사람의 인생을 만
들어 갑니다. 여러분의 한 문장이 누군가의 하루를 바꾸기도 하죠.
나누는 언어가 많아질수록 말은 예술이 됩니다.

I.M.O 법칙으로
새로운 표현 만들기

최근 감동을 준 장면을 하나 포착해 보세요. 그 장면을 떠올리며 '왜 내 마음이 움직였을까?' 질문하며 감정을 깊게 느껴 봅니다. 그리고 그 순간을 장면, 감정, 깨달음으로 기록해 보세요.

Ex. 지하철에서 캔커피를 마시다 튀었는데 옆에 있는 분이 아무 말 없이 물티슈를 건네줬습니다.
'힘내, 너를 응원하고 있어.'
한 장의 물티슈가 저를 응원해 주는 것 같았습니다. 보이지 않아도 나를 지지하는 따뜻한 사람이 있다는 것에 큰 힘을 얻었습니다. 저는 이 경험을 통해 '말보다 행동이 더 큰 위로가 될 수도 있겠구나! 나도 누군가에게 말만 전하는 사람이 아니라 따뜻한 위로를 행동으로 전하는 스피치 강사가 되어야겠다!'라고 다짐했습니다.

말로 나다운 인생을 살기 시작했습니다

01

감정 뒤에
숨겨진 욕구

'왜 이렇게 힘들까?'

예전에 저는 스스로에게 이런 질문을 자주 했습니다. 하루에도 수십 번, 상대방의 말에 마음이 요동쳤죠. 누가 내 말에 반응이 없으면 괜히 초조했고, 조금만 차가운 말을 들어도 마음이 가라앉았습니다.

'나는 왜 이렇게 감정이 쉽게 흔들릴까?'

강의를 마친 어느 날, 한 수강생이 제게 이렇게 말했습니다.

"선생님 말씀이 너무 완벽해서 조금 거리감이 느껴졌어요."

그 말이 마음속에 가시가 되었습니다. 그날 밤 잠이 오지 않았습니다.

'내가 뭘 잘못했지? 진심을 다했는데 왜 이렇게 오해를 받지?'

이제 와서 생각하면, 그것은 상대의 문제가 아니라 내 감정을 제대로 읽지 못한 탓이었습니다. 감정을 모르니 화살을 나한테 돌리며 자책만 했죠. 감정을 모르면 감정이 나를 휘두르게 됩니다. 그 후 저는 매일 감정에 이름 붙여 주는 연습을 시작했습니다. 변화하는 날씨처럼 제 감정 날씨를 살피기 시작했죠.

'새로운 강의를 맡아서 긴장돼.'

'수강생이 덕분에 용기를 얻었다고 해서 감동이야.'

'어젯밤에 잠을 네 시간밖에 못 자서 피곤해!'

또한 감정 뒤에 숨겨진 욕구도 살펴보려 노력했습니다. 그렇게 한 걸음 물러서서 들여다보기 시작했어요.

'인정받고 연결되고 싶었구나!'

'영향력을 전하고 싶었구나!'

'쉬고 싶은 욕구가 있구나!'

그것을 발견하자 마음이 가벼워졌습니다.

'아, 나는 지금 그냥 쉬고 싶구나.'

'지금은 누가 나를 이해해 주길 바라는 거구나.'

이렇게 감정 뒤의 욕구를 알아차리면, 감정이 더 이상 나를 조종하지 않게 됩니다. 내가 나의 감정을 번역하는 주체가 되거든요. 그런 깨달음은 가족에게서도 배웠습니다. 질투가 많던 둘째가 어느 날 울면서 말했어요.

"엄마는 언니만 사랑해!"

그 순간 속상했죠.

'내가 얼마나 공평하게 대하려고 애쓰는데…'

하지만 잠시 숨을 고르고, 아이의 말 뒤에 숨어 있는 욕구를 들여다봤습니다.

'엄마, 나도 사랑받고 싶어. 나에게도 관심을 가져 줘.'

그래서 말했어요.

"그랬구나, 엄마가 언니 얘기 많이 해서 속상했구나. 오늘은 엄마랑 단둘이 데이트할까?"

둘째 딸의 생일날 단둘이 간 놀이동산에서 아이는 종일 웃었습니다. 그 웃음에서 사랑받고 있다는 느낌을 받고 기뻐하고 행복해하는 모습을 보았습니다. 욕구가 채워지면 부정적인 감정은 자연히 잦아들고, 관계는 부드러워지고, 마음은 연결됩니다. 그때 말을 잘한다는 것은 감정과 욕구를 읽는 힘이라는 것을 알았습니다.

감정과 욕구는 타인을 이해하는 데만 필요한 게 아닙니다. 무엇보다 나 자신을 지키는 방향성을 알려 주는 나침반과 같은 역할도 합니다. 너무 많은 강의와 일정에 지쳐 있을 때 몸도 마음도 한계가 오고 번아웃이 왔던 적이 있었죠. 그래서 내면의 욕구를 물어봤습니다.

'너는 지금 가장 원하는 게 뭐니?'

'나는 지금 휴식을 취하고 싶어. 새로운 곳을 여행하고 싶어.'

‘여행? 지금의 상황에서는 멀리 떠날 수 없는데 어디로 가면 좋을까?’

‘멀리 떠날 수 없지만, 가 보지 않은 곳에 가 보면 어떨까?’

욕구를 묻는 내면과의 대화를 통해 저는 무작정 지하철을 탔습니다. 평소에 차를 타고 출근하지만 여행하는 기분을 느끼고 싶었죠. 마음이 끌리는 대로 종로3가역에서 내렸는데, 골목길을 걷다 작은 간판 하나가 눈에 들어왔습니다.

‘잠시 쉬어 가세요.’

그 문장을 보는 순간 눈물이 났습니다. 그것은 마치 누군가 제 마음을 읽어 주는 것 같았습니다. 카페에 들어가 따뜻한 차를 마셨는데, 내면에서 이런 소리가 들리는 것 같았어요.

‘고마워! 그동안 지쳐 있었는데 오늘 나에게 여행을 선물해 줘서 힐링됐어.’

나 자신을 좋은 곳으로 자유롭게 데려가 새로운 것을 보게 하고 느끼게 하니 내면이 회복되는 것을 느꼈습니다. 그날 이후로 저는 ‘열심히 살아야 한다’보다 ‘내 욕구를 돌봐야 한다’를 더 자주 되뇌며 삽니다.

결국 말을 잘한다는 것은 내 안의 감정과 욕구를 정확히 읽어 내는 사람이 되는 일입니다. 감정을 이해하면 말이 흔들리지 않고, 욕구를 이해하면 말의 방향이 분명해집니다. 내 마음을 알아차린 사람이야말로 타인의 마음도 섬세하게 읽어 낼 수 있고, 그럴 때 말은 공감이 됩니다. 어떤 상황에서도 흔들리지 않는 말의 힘은 자기 마음을 번역해 타인의 마음까지 닿게 하는 능력인 것이죠. 이러한 따뜻한 내면의 언어가 쌓일 때 우리는 비로소 듣는 이의 마음을 열고 머물게 하는 진짜 말 잘하는 사람이 됩니다.

오늘 하루 잠시 멈춰서 이렇게 물어보세요.

'나는 지금 어떤 감정을 느끼고 있지? 그 감정 뒤에는 어떤 욕구가 숨어 있을까?'

그 질문 하나가 나를 사랑하게 만들고, 타인과의 따뜻한 소통으로 이어지게 만듭니다.

따뜻한 말 한마디

지금 내 욕구가 무엇인지 솔직한 한마디를 꺼내면, 그 말은 마음을 돌보고 삶을 주체적으로 이끄는 힘이 될 거예요!

나를 사랑하는 주체적인 삶을 위한 D.S.R 법칙

① D — Desire
내 욕구를 묻고 이해해 보세요

감정의 파도에 휘둘리지 않으려면 '나는 지금 어떤 욕구가 있을까?' 라고 자신에게 묻는 것이 먼저입니다. 사랑받고 싶은지, 쉬고 싶은지, 인정받고 싶은지 욕구를 알면 감정의 방향이 보이고, 삶의 핸들이 내 손 안에 들어옵니다. 내 욕구를 정확히 언어화하는 것이 나를 사랑하는 첫 연습입니다.

② S — Satisfy
욕구를 만족시켜 줄 행동을 생각해 보세요

욕구를 알았다면 그 욕구를 채워 줄 작은 행동을 떠올려 보세요. 휴식이 필요하면 10분 산책일 수도 있고, 연결의 욕구가 있다면 친구에게 따뜻한 메시지를 보내는 것일 수도 있습니다. 상상하는 순간 마음이 안정되고 '나는 나의 욕구를 돌볼 수 있는 사람'이라는 믿음이 생깁니다.

현실에서 바로 욕구를 채울 수 없을 때가 있습니다. 그럴 땐 스스로를 포기하는 대신 대체 가능한 행동을 찾는 자기 회복력이 필요합니다. 멀리 여행 못 가면 동네 카페라도 가 보고, 긴 휴식이 어렵다면 5분 스트레칭이라도 해 보는 거죠. 작은 실천으로 욕구를 채울 때 삶의 주체성이 회복됩니다.

D.S.R 법칙으로
욕구 읽고 실천하기

'나는 지금 어떤 욕구가 있지?'를 살펴보고 말해 보세요. 그리고 욕구를 채워 줄 작은 행동 하나를 떠올려 보세요. 당장 못할 때에는 대체 가능한 행동을 하나 선택해 보세요.

Ex. 지금 내 안의 욕구는 휴식과 나만의 시간을 갖는 것이다. 그래서 오늘 나는 분위기 좋은 커피숍에서 내가 좋아하는 따뜻한 커피와 달달한 디저트를 먹으며 힐링되는 에세이를 읽을 것이다. 이 작은 시간이 오늘의 나를 다시 충전시켜 줄 것이다.

말로 현실을
바꾸는 법

'그건 나에게 어려워! 안될 거야!'

그땐 몰랐습니다. 말은 나의 미래를 닫는 문이 되기도, 여는 열쇠가 되기도 한다는 것을. 저는 제 입으로 스스로의 가능성을 자꾸 좁히고 있었습니다. 스피치 강사가 되어 강의를 하면서 내가 던지는 말이 내 삶의 방향을 만든다는 것을 깨닫게 되었습니다. 그래서 말을 바꾸기 시작했습니다. '왜 안돼?' 대신 '어떻게 하면 될까?', '실수하면 어떡하지?' 대신 '이것을 통해 내 인생 스토리가 만들어지겠지?'처럼 말의 방향을 달리하자 생각과 행동도 달라졌습니다.

특히 마라톤에 도전하면서 그 변화를 온몸으로 느꼈습니다. 처음에는 1분 뛰는 것도 벅찼습니다. 숨이 차오르고, 포기하고 싶을 때마다 스스로에게 이렇게 말했습니다.

'오늘은 1분만 더 뛰자. 이것을 통해 내 마음의 근육이 강해지고 있어.'

그렇게 하루하루 쌓인 따뜻한 말 덕분에 1분밖에 못 뛰던 제가 3분, 5분, 10분이나 뛸 수 있게 되었고, 결국 10km 완주로 이어졌습니다. 결승선을 통과하던 순간 내 안의 긍정의 말들이 나를 움직이고 전진하게 만들어 주는 에너지가 되어 준다는 것을 깨닫게 되었습니다.

마라톤 이후 3개월 동안 바디 프로필에 도전했습니다. 이전에 근력 운동을 한 번도 제대로 해 본 적 없었기에 '바디 프로필은 어렵고 힘드니 나는 안해!'라고 단정짓고 도전하지 않았습니다. 하지만 마라톤을 통해 말의 변화를 느껴왔기에 하고 싶다는 열정이 샘솟았습니다.

'못한다고 생각하면 못하고, 한다고 생각하면 할 수 있는 거야! 너를 믿고 그 편견의 틀을 깨보렴! 무한한 가능성이 열릴 거야!'

내면에서 들리는 선명한 응원의 소리가 도전하고 실행하도록 만들어 주었습니다. 물론 운동을 할 때 너무 지치고 힘들 때에는 '괜히 시작한 걸까? 이대로 포기해야 하나?' 이런 부정적인 말들도 들렸습니다. 그럴 때마다 따뜻한 내면의 소리를 더 강하게 들려줬습니다.

'지금까지 잘해 왔잖아. 그냥 아무 생각하지 말고 꾸준히 해 보자!

마음먹으면 내 안의 숨겨진 가능성이 깨어날 거야!'

그 응원과 격려가 다시 저를 다독여 주었고, 일으켜 주었습니다. 한 주에 1kg씩 감량하고, 덤벨 무게를 5kg에서 10kg, 15kg으로 올려 나갔습니다. 거울 속 제 모습이 조금씩 달라지고, 근육이 단단해지는 것을 느낄 수 있었습니다.

'힘든 것을 해낸 네가 대단해! 오늘 하루도 세상에서 가장 무거운 자신을 올린 네가 참 자랑스러워!'

힘든 운동 뒤에 나에게 칭찬 선물을 듬뿍 주었습니다. 말이 바뀌었기에 마음이 변했고, 마음이 바뀌었기에 몸도 바뀐 것이 아닐까요? 저는 그 경험 이후 목표를 구체적인 말로 표현하기 시작했습니다. '건강해지고 싶다'가 아니라 '매주 3회, 한 시간씩 운동한다', '책을 써야지'가 아니라 '하루 10페이지씩 원고를 쓴다'처럼 막연한 바람을 언어로 구체화하자 뇌가 현실처럼 인식하기 시작했습니다. 그 말들을 매일 눈으로 보고 입으로 말하니 좋은 기회들을 만날 수 있었습니다. 강의 제안이 늘고, 책 출간의 꿈도 현실이 되었습니다.

'말은 내 인생을 설계하는 도구구나! 구체적인 말은 길을 열어 주는구나!'

언젠가가 아니라 지금부터로, 희망이 실행으로 바뀌는 순간 현실은 바로 달라지기 시작합니다. 세상에서 가장 강력한 언어는 남이 아닌 내가 나에게 하는 말이었습니다. 우리가 매일 반복하는 말이 생각을 만들고, 생각이 행동을 만들고, 그 행동이 결국 현실을 바꿔 나갑니다.

'힘들어, 짜증나!'라고 계속 말하면 뇌가 멈추지만, '괜찮아, 조금만 더 해 보자!'라고 말하면 몸이 다시 움직입니다. 결국 말은 에너지의 방향을 바꾸는 스위치라고 할 수 있죠. 저는 그 스위치를 불가능에서 가능으로, 의심에서 신뢰로 바꾸는 연습을 계속해 왔습니다. 이제는 어떤 어려움이 와도 이렇게 묻습니다.

'이 상황이 나에게 어떤 배움과 의미를 가져올까?'

그 질문 하나가 두려움을 성찰로, 실패를 성장으로 바꾸는 문이 되어 주었습니다. 내가 나에게 하는 말들이 오늘의 선택을 바꾸고 내일의 결과를 만든다는 것을 배웠습니다.

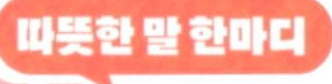

여러분이 자신에게 하는 말이 오늘의 선택을 바꾸고 내일의 결과를 만들어 줄 거예요!

말로 현실을 바꾸는 S.R.S 법칙

1 S — Set
목표를 언어로 선명하게 설정하세요

현실은 막연한 바람이 아니라 선명한 말에서 시작됩니다.
'운동해야지'가 아니라 '매주 3회, 한 시간 운동한다'
'책 써야지'가 아니라 '하루 10페이지 쓴다'처럼
목표를 구체적인 문장으로 바꾸면 뇌는 그것을 이미 이뤄야 할 일로
받아들입니다. 말로 목표를 설정하는 순간 삶의 방향은 흐려지지 않
고 앞으로 움직입니다.

2 R — Routine
목표를 현실로 만드는 실행 루틴을 숫자로 말하세요

루틴은 의지가 아니라 언어의 규칙에서 만들어집니다.
'조금 더 노력해야지'가 아니라 '하루 15분 걷기', '아침마다 3문장 쓰
기', '주 2회 영상 섀도잉'처럼 구체적인 숫자로 말해진 루틴은 곧 행

동이 됩니다. 언어가 구체화되면 생각이 움직이고, 생각이 움직이면
몸이 따라가게 되죠.

도전에는 반드시 포기하고 싶은 순간이 찾아옵니다. 그때 필요한 것
은 누군가의 칭찬이 아니라 내가 나에게 건네는 지지의 말입니다.
'괜찮아, 여기까지 온 너 정말 잘하고 있어.'
'오늘은 1분만 더 해 보자.'
이 말들이 마음의 근육을 단단하게 하고 다시 앞으로 나아가게 만들
어 줍니다. 따뜻한 말은 나를 지켜 주는 가장 강한 원동력입니다.

S.R.S 법칙으로
현실을 바꾸는 말하기

이루고 싶은 목표를 떠올리고, 그 목표를 위해 필요한 행동을 숫자로 구체화해 보세요. 그리고 그것을 바탕으로 포기하고 싶을 때 스스로에게 건넬 응원의 말을 만들어 보세요.

- -

Ex. - **건강한 삶** : 나는 주 3회 한 시간씩 운동하고 이것을 기록으로 남길 것이다.

3월에 10km 마라톤에 도전할 것이다.

- **책 출간** : 나는 매일 10페이지씩 글을 쓸 것이다.

12월 중순에 책을 출간할 것이다.

- **콘텐츠** : 주 3회 콘텐츠를 꾸준히 업로드 할 것이다.

포기하고 싶을 때마다 '1분만 더 해 보자. 여기까지 온 너, 정말 잘하고 있어'라며 스스로 응원할 것이다.

03

나를 부자로
만드는 말

"와~ 예술이다."

그날 하늘빛이 오로라처럼 신비로웠습니다. 핑크와 주황빛이 부드럽게 섞여 마블링을 이루고 있었죠. 순간 저도 모르게 감탄이 터졌습니다. 그저 하늘을 본 것뿐인데 세상이 조금 더 선명하게 보였습니다.

'이렇게 아름다운 것을 볼 수 있다니, 그것만으로도 참 감사하다!'

며칠 뒤 대전에는 폭설이 내렸습니다. 그때 친정 아버지와 둘째 딸이 눈사람을 만들고 있었죠. 옹기종기 앉아서 눈을 굴리며 즐거워하는 두 사람의 모습을 보면서 마음속에 난로가 켜진 느낌이었습니다.

'이 장면을 오랫동안 담고 싶어. 함께하는 모습이 참 사랑스럽다!'

이렇게 감사를 말하니 불만이 줄었고, 감탄을 하니 세상이 예뻐 보였고, 감동을 느끼니 마음이 풍요로워졌습니다. 일상이 제게 특별한 선물처럼 느껴졌죠.

이후에 저는 자연과 대화를 나누게 되는 신기한 경험을 하게 되었습니다. 채석강을 찾았을 때였어요. 파도에 깎이고 또 깎여 수많은 지층이 쌓여 있었습니다. 그 거대하고 장엄한 풍경 앞에서 저는 한참을 멍하니 서 있었습니다.

'자연은 얼마나 이 시간들을 인내해 왔을까? 꿋꿋이 이 자리에서 시련을 버텨 왔구나! 참 존경스럽다!'

이런 생각을 하고 있는데 채석강의 수많은 지층들이 나에게 이렇게 말을 걸어 주는 것 같았습니다.

'지금 힘들어도 괜찮아! 그 시간이 너를 단단하게 만들어 주니까! 버틴 시간은 상처가 아니라 네 인생의 작품이 될 거야.'

그 말이 번역되어 들리는 순간 가슴이 뜨거워졌습니다.

'아픔은 결핍이 아니라 자산이구나!'

그 깨달음이 깊이 스며들었습니다. 남해의 바다에서도 위로의 목소리를 들었습니다. 끝없이 이어진 푸른 바다, 그 바다를 품은 초록빛 산, 햇살에 반짝이는 은빛 파도.

'난 늘 여기에서 묵묵히 있었어. 무언가를 이루지 않아도 괜찮아.

넌 있는 그대로 소중한 존재인 걸.'

그 말이 들리는 순간 불안했던 마음의 긴장이 스르르 풀리는 듯했습니다. 성과로 존재를 증명해야 한다는 강박에서 그 순간 벗어날 수 있었습니다. 자연과의 대화가 제 마음을 멈추게 했고, 삶의 속도를 늦추게 했습니다.

'행복은 성취가 아니라 존재를 인정하고 현재를 느끼는 것에서 시작되는구나!'

운전을 하며 올려다 본 가을 하늘의 구름은 다양한 모양으로 흘러가며 이렇게 말하는 듯했습니다.

'나는 하늘 위에 그림을 그리고 있어. 너도 인생이란 캠퍼스에 너만의 그림을 그려 봐. 서툴러도 괜찮아. 결국 흘러가니까.'

그 말을 듣고 내면에서 이런 소리가 들렸습니다.

'그래, 완벽하지 않아도 괜찮아. 자연스런 흐름 속에서도 나답게 그려 가는 삶, 그 자체로 이미 충분히 아름답잖아!'

자연과의 대화! 감사, 감탄, 감동! 이것을 통해 말이 깊어졌고 마음이 단단해지니 삶이 점점 풍요로워졌습니다. 그러면서 진짜 부는 통장의 숫자가 아니라 세상을 예쁘게 바라보는 마음의 습관에서 시작된다는 것을 깨닫게 됐습니다. 감사는 부족함을 채우고, 감탄은 불안을 녹이며, 감동은 사랑을 더합니다.

결국 부는 말의 방향을 따라옵니다. 말이 따뜻하면 사람이 모이고, 사람이 모이면 신뢰가 쌓이고, 신뢰는 언제나 기회를 불러옵니다. 결국 삶을 풍요롭게 만드는 것은 거창한 행운이 아닌 오늘 내가 선택한 단 한마디의 예쁜 말이란 것을. 그 한마디의 말이 마음을 부자로 만들고, 그 마음이 인생을 빛나게 만듭니다.

말이 바뀌면 세상을 바라보는 눈도 함께 달라집니다. 감사와 감탄, 감동의 언어는 내면의 렌즈를 바꾸고, 평범한 하루에서조차 숨은 선물을 발견하게 만들죠. 마음이 부유해지면 행동이 달라지고 그 행동은 결국 삶의 방향을 바꿉니다. 부는 밖에서 오는 것이 아니라 내가 매일 어떤 말을 선택하느냐에서 시작됩니다. 오늘 내 입에서 나오는 그 한마디가 여러분의 내일을 다시 빛나게 해 줄 것입니다.

감사는 마음을 채우고, 감탄은 시선을 부드럽게 하고, 감동은 관계를 풍요롭게 합니다. 이 세 가지 말의 습관이 쌓이면 결국 마음이 부자가 되고, 마음이 부자가 되면 삶은 더욱 빛날 거예요.

부자로 만드는 말
T.A.T 법칙

1 T — Thank
감사의 말은 부족함을 채워 줍니다

감사의 말은 마음의 빈자리를 부드럽게 메워 주는 언어입니다. '고마워', '감사합니다'라는 한마디는 내가 이미 가진 것을 보게 만들고, 부족함보다 충만함을 느끼게 합니다. 감사를 말하는 순간 마음은 단단해지고 삶은 더 큰 선물을 받아들일 준비가 되는 거죠. 감사하는 사람에게 기회가 모이는 이유는 그 말이 이미 풍요로움을 말하고 있기 때문입니다.

2 A — Admire
감탄의 말은 불안을 녹이고 세상을 아름답게 만듭니다

감탄은 세상을 바라보는 시선을 따뜻하게 바꾸는 힘입니다. 감탄하는 순간 마음의 긴장이 풀리고, 평범한 풍경에서도 특별함을 발견하게 되죠. 감탄의 언어를 쓰는 사람은 누군가를 비교하거나 깎아내리지 않고 세상을 있는 그대로 받아들일 수 있는 관점을 갖게 됩니다. 이 태도는 관계를 부드럽게 만들고 결국 사람과 기회를 끌어당기게 되죠.

감동은 마음의 온도를 높여 주는 언어입니다. 감동을 표현할 줄 아는 사람은 누군가의 정성과 시간을 소중히 여길 줄 알고 그 마음을 다시 따뜻함으로 돌려주는 사람이죠. 감동의 말이 많은 사람에게는 신뢰가 쌓이고, 신뢰 위에 기회가 따라옵니다. 결국 감동을 표현하는 말은 삶의 질을 한 단계 끌어올리는 보이지 않는 자산과도 같습니다.

T.A.T 법칙으로
부자 되는 말 연습하기

오늘 하루, 의식적으로 '감사, 감탄, 감동'의 말을 한 번씩 꺼내 보세요.

세 가지 감정을 느끼는 순간 자연스럽게 표현하는 게 핵심입니다. 감사,

감탄, 감동을 하루 한 문장씩 말한다면 점점 마음의 부가 쌓일 거예요.

- **감사** : 당연한 일에 고마움을 표현하기
- **감탄** : 사소한 것에서 아름다움을 발견하기
- **감동** : 마음이 움직인 순간을 말로 전하기

Ex. - 따뜻한 커피 한 잔이 오늘을 버티게 해 줬어. 감사해! **(감사)**

- 이 음악, 진짜 마음이 깨끗해지는 느낌이야! **(감탄)**

- 그 한마디 덕분에 힘이 났어. **(감동)**

04

처음 느껴 본
대화의 기쁨

"선생님, 저는 말을 잘 못해요. 말하려고 하면 목소리가 작아지고, 머릿속이 하얘집니다."

한 40대 직장인 수강생이 제게 이렇게 고백했습니다. 업무상 많은 사람과 소통해야 하지만, 대화의 상황에서 입이 굳고 마음이 얼어붙는다고 했습니다. 겉으로 보기엔 성실하고 차분한 분이었지만, 그 안에는 늘 자기 검열과 두려움이 자리하고 있었습니다. 저는 그분께 조용히 물었습니다.

"평소에 자신에게 어떤 말을 가장 자주 하세요?"

그분은 오랫동안 고민하다가 어렵게 종이에 적었습니다.

'넌 왜 이것밖에 못해? 왜 이렇게 게을러? 왜 이렇게 말을 못해?'

그분은 하루 종일 자신을 향해 이런 말을 반복하고 있었던 것입니다. 자기 안의 목소리가 매일 비난으로 채워져 있으니, 타인 앞에 섰을 때 목이 막히는 것은 너무도 당연한 일이었습니다. 그분은 놀라며 말씀하셨습니다.

"원장님! 제가 저한테 너무 잔소리만 하고 엄격했네요. 그리고 그 말을 제 아이에게도 그대로 하고 있었네요."

종이 위에 자신의 내면과의 대화를 적으며 자신의 민낯을 마주하게 됐습니다. 대화가 막히는 진짜 이유는 자기 자신과의 대화가 왜곡되어 있기 때문이었습니다. 그 마음의 소리가 너무 커서 내면은 늘 불안했습니다.

'이 말 괜찮을까? 실수하면 어쩌지?'

자신에 대한 믿음 없이 어떻게 보일지 타인의 시선만 생각하니 말문이 막힐 수밖에 없었습니다.

"실수한 것 같으면 그 순간부터 상대의 말이 전혀 들리지 않아요. 내 말실수만 머릿속에서 계속 맴돌고, 주변이 멈춰 버린 듯한 느낌이 들어요."

내면의 소리가 너무 크면 외부의 말은 들리지 않습니다. 그래서 저는 그분과 함께 먼저 내 안의 감정을 들여다보는 것부터 시작했습니다.

'오늘의 감정은? 그 감정의 원인은? 그 안에 담긴 나의 욕구는?'

매일 세 가지 감정을 꺼내 일기를 쓰면서 기록하도록 했습니다.

'회식 자리에서 내가 말을 했는데 호응해 주는 사람이 없었다. '내가 뭘 잘못했나?'라는 생각이 들어 부끄러웠다. '괜히 말했나?' 후회도 됐다. 그다음부터 사람들의 이야기가 들리지 않았고, 그 자리에 앉아 있는 것이 너무나 힘들었다. 나는 편안하게 대화하고 사람들과 어울리고 싶었다. 그리고 사람들에게 인정받고 싶었다.'

자신의 감정을 매일 인식하면서 어떤 변화가 있었을까요? 부정적인 생각의 패턴이 끊어졌고, 내면의 언어가 조금씩 달라지기 시작했습니다. 감정 일기 후 자존감 일기를 제안했습니다. 자존감 일기는 어제의 나와 오늘의 나를 비교해 보는 거예요. 하루를 돌아보며 오늘 후회한 일, 오늘 잘한 일, 내일의 나에게 줄 소소한 선물을 생각해 보는 거죠.

'오늘 주어진 업무를 다 끝냈어야 했는데 미룬 것이 후회된다. 다음부터는 미루지 말고 계획한 날 다 끝내도록 시간 분배를 잘해야겠다. 그래도 오늘 회사가 늦게 끝나 피곤하고 힘든데 감정 일기를 쓰며 나와 대화하는 시간을 가졌다. 변화되려고 노력하는 내가 대견하다. 내일은 잠시라도 포근한 햇살 아래에서 커피 한 잔 마시며 10분 정도 산책하는 시간을 가지고 싶다.'

비교의 대상은 타인이 아닌 자기 자신이어야 합니다. 어제보다 조금이라도 나아진 나를 발견해 보는 것입니다. 그리고 고생하고 애

쓴 나를 토닥이며 내가 좋아하는 소소한 선물을 하고 대접해 주는 것입니다. 나를 소중하게 대할 줄 알아야 타인도 진심으로 소중하게 대할 수 있습니다.

여러분은 자신에게 어떤 선물을 하고 싶으세요? 내가 좋아하는 음악 듣는 시간, 오랜 친구와의 안부 전화, 좋아하는 책 읽는 시간, 나에게 선물하는 예쁜 말 등 매일 조금씩 다르게 선물해 보세요. 오롯이 나에게 집중하며 대화할 때 나를 존중하게 되고 따뜻한 시선으로 바라보며 이해하게 된다는 것을 깨닫게 되었습니다. 이렇게 내면 소통으로 치유가 되었을 때 타인도 공감하고 이해하려는 따뜻한 시선으로 바뀔 수 있습니다.

"하루 중 가장 따뜻한 시간이 생겼어요. 예전엔 저를 다그치기만 했는데, 요즘은 저한테 '괜찮아, 잘하고 있어'라고 말해요."

그분은 매일 자신에게 다정한 언어를 건네며 마음의 온도를 높여 가기 시작했습니다. 저는 그분에게 50개의 자기 성찰 질문을 드리고 인터뷰하는 시간을 가졌습니다.

'나를 한마디로 표현한다면? 지금 내가 가장 행복을 느끼고 있는 순간은? 내가 중요하게 생각하고 있는 가치는? 내가 지금 듣고 싶은 말은?'

처음에 그분은 "선생님 저 이 질문에 하나도 말을 못하겠어요. 머릿속이 하얘지는 느낌이에요. 저는 저를 잘 모르고 살았네요. 제가 과연 이 답을 할 수 있을까요?" 하셨습니다. 항상 타인이 내준 문제에 답을 하는 것에 익숙해졌기에 스스로 질문하고 답을 하는 것이 무척 어려웠던 것입니다.

이렇게 되면 타인이 만들어 놓은 세상의 기준과 잣대로 사람들을 평가하고 자신의 기준을 잃게 됩니다. 그러면 내가 원하는 인생이 아닌 타인에게 끌려다니는 인생을 살 수 밖에 없게 되는 거죠. 내가 원하는 인생이 무엇인지 알아야 원하는 인생을 살 수 있는 것이니까요. 인생의 답은 자기 자신에게 물어봐야겠죠. 그래야 스스로 개척하며 나다운 인생을 살 수 있습니다.

"원장님, 이제야 제 마음 안의 목소리가 조금씩 들리기 시작했어요. 그동안 마음 근육이 연약했네요. 내 안의 내가 사라지고 타인의 시선에 나를 맞추며 살아왔네요. 그러니 다른 사람이 한 말에 쉽게 흔들렸는데, 내 안의 목소리를 조금씩 내기 시작하니 세상이 다르게 보이네요."

그 이야기를 듣고 마음이 뭉클했습니다.

'열심히 살지만, 나를 잃어버리며 살아가는 사람이 많구나! 그래서 내면이 많이 불안하구나! 내 안의 따뜻한 시선과 목소리를 회복하도록 도움을 드려야겠다!'

어느 날 그분이 임원과의 식사 자리에 초대받았대요. 낯선 대화의 자리가 어색하고 불안해서 중요한 대화의 자리에 참여할 때는 항상 대화 시나리오를 쓰셨다고 합니다. 예상되는 질문과 나의 답변, 좋은 질문들을 빼곡히 적어서 수십 번 리허설을 해 왔다고 했습니다.

"대화는 즉흥적으로 일어나는 것이라 시나리오를 쓰는 것이 오히려 대화의 벽이 될 수 있어요. 대화는 바람처럼 자연스럽게 흘러가야 하는 것인데, 미리 그 바람의 길을 정하려고 하면 소통이 어려워질 수 있죠. 논리적으로 잘 말해서 인정받으려는 생각보다 임원분의 이야기를 잘 들으며 배우는 시간으로 생각해 보면 좋겠어요. 대화를 채우려 하지 마시고요. 여백이 있어야 마음과 마음이 통할 수 있으니까요."

그 뒤 놀라운 변화가 일어났습니다.

"원장님! 난생 처음 대화가 즐겁다는 생각을 했습니다. 제가 그분께 잘 보이려고 하는 게 아니라 호기심을 갖고 잘 들어줘야겠다고 생각하니 마음이 편했고, 친해졌다는 생각이 들었어요. 정말 배울 점이 많은 분이시더라고요. 정말 기뻐요!"

저도 그 말을 듣고 뿌듯하고 기뻤습니다. 대화를 잘하기 위해 중요한 것은 내면의 언어를 돌보는 연습, 자기 감정을 인식하고 공감하는 능력, 상대의 말에 진심으로 귀 기울이는 태도, 자신을 향한 따뜻한 인정과 관심입니다. 이것들이 서서히 쌓일 때, 우리는 비로소 진심이 담긴 나다운 말을 하며 따뜻한 소통을 할 수 있습니다. 말을 잘하려 하기보다 좋은 태도로 말하는 사람이 되어야 하죠.

떨리지 않는 말은 확신에서 나옵니다. 그 확신은 단단한 자기 언어, 깊은 사색, 선명한 가치관에서 비롯됩니다. 저는 그분을 통해 배웠습니다. 좋은 대화는 기술이 아닌 마음의 태도에서 시작된다는 것을. 말을 잘하려고 하기보다 사람을 있는 그대로 진심으로 바라보고, 내가 하고 싶은 말이 아닌 타인이 듣고 싶은 말을 다정한 마음으로 말할 때 우리의 말이 삶의 결을 바꿉니다.

오늘 자신에게 건네는 다정한 말이 마음을 다시 밝히고 내일의 방향을 부드럽게 열어 줍니다. 오늘도 잘 버티고 잘 살아온 여러분을 응원합니다.

자존감을 높이는 R.C.G 법칙

**1 R — Regret
후회한 일을 적어 내 감정을 이해하는 시간을 가져 보세요**

후회한 일을 적는다는 것은 자신을 비난하기 위함이 아니라 지금의 감정이 어디에서 비롯되었는지 원인을 발견하는 과정입니다. 후회를 기록하면 감정이 명확해지고 같은 패턴을 반복하지 않게 됩니다. '왜 그랬을까?'라고 자책하는 대신 '다음엔 어떻게 달라질까?'라는 방향으로 마음이 전환되죠. 이 작은 기록이 감정의 주도권을 되찾게 해 주고 내가 나를 더 깊이 이해하도록 만들어 줍니다.

**2 C — Compliment
오늘 잘한 일을 칭찬하며 자존감을 회복해 보세요**

칭찬의 기록은 마음의 균형을 잡아 주는 힘입니다. 우리는 대개 부족한 점만 확대해서 보지만, 잘한 일을 언어로 적는 순간 성장한 나를 확인할 수 있죠. 이 과정은 자신에게 따뜻한 시선을 회복하는 시간이며, '나는 괜찮은 사람이다'라는 내적 확신을 서서히 쌓게 만들어 줍니다. 작은 행동 하나라도 칭찬하는 습관은 스스로를 격려하는 감정의 근육을 단단하게 만들고 타인의 말에 쉽게 흔들리지 않는 자존감을 길러 줍니다.

3 G — Gift
내일의 나에게 선물을 약속해 보세요

내일의 나에게 줄 선물은 회복의 언어입니다. 작은 산책, 따뜻한 커피 한 잔, 좋아하는 음악 10분 듣기처럼 나를 돌보는 행위를 스스로에게 허락할 때 내면은 안정되고 삶에 온기가 흐르게 되죠. 스스로에게 '나는 나를 지켜 줄 수 있는 사람'이라는 신뢰와 다시 일어설 에너지를 만들어 줍니다.

R.C.G 법칙으로
자존감 일기 쓰기

오늘 잘한 나를 한 가지 칭찬하고, 내일의 나에게 줄 작은 선물을 정해 보세요.

Ex. '2주 전부터 조금씩 강의를 준비해 둘 걸' 하는 후회가 남는다. 그래도 강의에서 청중과 소통하려고 애쓰고, 도움을 주려고 끝까지 최선을 다한 나를 칭찬한다. 준비 과정에서 흔들렸지만 무대에서 진심을 다한 내가 참 대견하다. 고생한 나에게 내일은 좋아하는 리사 오노의 노래를 선물하며 마음을 쉬게 해 줄 것이다.

미웠던 나와
화해하는 시간

"회의만 잡히면 전날 밤부터 식은땀이 납니다. 발표 순서가 다가올수록 손바닥이 젖고, 입이 얼어붙어요. 사람들과의 소통도 어렵고 힘드네요."

40대의 한 수강생이 제 앞에서 이렇게 고백했습니다. 그의 목소리에는 불안과 두려움이 느껴졌습니다. 저는 조심스럽게 이렇게 물었죠.

"혹시 과거에 아픈 상처가 있으셨나요? 말을 어려워하는 분들을 보면 마음의 상처가 많으셨거든요. 그것을 우리가 알아야 상처를 회복하며 앞으로 나아갈 수 있어요."

그는 잠시 망설이다가 꽁꽁 숨겨 두었던 과거의 아픈 이야기를 고백했습니다.

"중학생 시절, 부모님의 이혼 이야기를 유일하게 믿었던 친구에게 털어놓았습니다. 비밀을 지켜달라고 말했지만, 다음 날 그 비밀이 친구들 사이에 다 퍼져 있었고, 친구들은 저를 놀리기 시작했습니다. 그날 이후 '내 이야기를 꺼내면 상처만 남는다! 믿을 사람 하나 없다! 내 이야기는 하지 않는 게 좋겠구나!'라는 생각을 하게 됐고, 입을 닫기 시작했습니다."

그 신념 때문에 30년 동안 마음의 문을 닫고 소통의 단단한 벽을 쌓아 온 것입니다.

'이 정도로는 부족해. 더 해야 해.'

그는 자신을 몰아붙이며 일에만 몰두했고, 사람들과 깊이 있게 관계를 맺지 못했습니다. 그렇게 스스로를 채찍질하며 달리다 보니 어느 순간 몸도 마음도 지치게 되었고, 병원에 오랜 기간 입원할 정도로 아팠다고 말했습니다. 마음의 문을 여는 것이 중요하다고 생각해 잔잔한 피아노 선율이 흐르는 음악을 틀고 어린 시절 상처받았던 자신에게 따뜻한 위로를 전하게 했습니다.

"그때 정말 힘들고 외로웠지? 부모님의 이혼은 네 잘못이 아니야. 그때 내가 너를 위로하고 격려했어야 했는데, 너를 챙기지 못하고 비난해서 미안해."

나중에 그는 이런 고백을 하셨습니다.

"부끄러운 이야기지만, 그날 수업이 끝난 뒤 드라이브를 하며 차 안에서 한참을 울었습니다. 평생 일만 하며 자신을 구박해 온 나에게 정말 미안했죠. 그래서 진심으로 나에게 사과했습니다. 가장 소중히 대해야 할 나를 잘 보살피지 못했네요. 나를 아끼고 대접해 줘야겠다고 생각했어요."

그날 이후 그는 자신에게 예쁜 말을 선물하며, 마음의 온도를 조금씩 높여 갔습니다. 처음에 한겨울의 얼음처럼 굳어 있던 그의 말과 표정에 마치 봄이 찾아온 것처럼 따스한 온기가 느껴지기 시작했습니다.

"식은땀이 나고 떨리는 것도 이제는 받아들이게 됐어요. 감정은 옳고 그름이 없죠. 모든 감정은 나를 지키고 보호하기 위한 것이니까요. 나와의 대화로 나를 많이 이해하게 됐습니다."

그리고 일 년 후 그는 제게 장문의 메시지를 보내왔습니다.

내가 어떤 과거를 살아왔는지, 못나 보이기만 했던 내가 그동안 힘들진 않았는지… 저는 제 자신을 돌아보며 태어나서 처음으로 내면과 대화를 하는 방법을 배웠습니다. 40여 년을 살면서 가장 먼저 위하고 아껴 주어야 할 제 자신을 만나고 위로하고 칭찬해 주게 되었습니다. 그리고 정말 많은 감정이 북받쳐 오름을 느끼게 되었습니다. 태어나서 처음 느껴 보는 감정들이었습니다. 참 신기하죠?

이게 제 불안 증상 극복 첫 번째 변화의 시작이었습니다. 남들과의 소통, 나를 보여 주기에 앞서 내 마음속 자신의 이야기를 먼저 들어주고 소통하지 않으면 안될 것 같다는 생각이 들었습니다. 알려 주시는대로 여러 가지 방법을 통해 스스로 대화하다 보니 제 자신을 받아들이게 됐습니다. 식은땀이 나고 떨리는 것도 받아들이게 됐습니다. 왜 내가 그동안 힘들었는지 이해하게 되었습니다. 그리고 그 변화를 하루하루 느끼며 점점 나아지는 저를 통해 자존감과 자신감을 찾게 됐습니다.

살아오면서 너무 물질적인 것들만 추구하게 되고, 소비할 때도 옷이나 신발, 차 등 겉모습만 꾸미는데 신경 써 왔네요. 하지만 나의 내면에 투자해 보거나 내 안의 자아를 위해 조금이라도 노력하고 시간을 갖고 투자해 본 적은 없었습니다. '나는 정말 행복하고 마음이 평안한가?' 생각해 보았는데 아니었더라고요.

짧은 2개월이었지만, 저는 정말 많은 걸 배우고 느끼고 새로운 환경에 정착하게 되었습니다. 그래서 너무 감사하고 좋은 기억이었고, 앞으로 어떤 도전에도 용기를 낼 수 있게 되었습니다. 지금도 남들 앞에 서면 떨리지만 받아들입니다. 하지만 제 마음의 병의 원인을 깨닫게 해주신 원장님 덕분에 나날이 발전하고 성장하여 많은 사람들 앞에서도 당당하게 눈을 마주치고 말할 수 있고 질문도 던지며 변화하고 있음에 세상 다 가진 듯한 행복을 느끼게 되었습니다. 40여 년간 살면서 제 스스로에게 투자하여 정말 하나도 아깝지 않은 소비를 했던 건 처음이라고 생각되며, 앞으로도 스스로를 위해 아끼지 않아야겠다고 깨닫게 되었습니다. 정말 감사합니다.

그는 내면의 회복으로 잃어버린 자아를 찾은 거죠. 결국 말을 잘하기 위해서는 자기 신뢰가 중요합니다. 내 목소리가 떨리는 이유는 내 말이 괜찮다는 믿음이 아직 자리 잡지 못했기 때문입니다. 그래서 말을 잘하기 위해서는 먼저 나를 지지하는 법을 배우는 게 중요하죠. 내 감정을 인정하고, 내 상처를 이해하고, 내 이야기를 소중하게 바라볼 때 비로소 말의 결이 바뀝니다. 누군가의 기대에 맞추려는 말은 흔들리지만, 나를 있는 그대로 받아들인 사람의 말은 단단합니다.

"괜찮아, 너의 목소리는 충분히 가치 있어."

그 한마디를 믿고 말하는 순간 여러분의 목소리는 떨림을 넘어 힘이 되고, 그 이야기는 누군가에게 큰 울림이 될 거예요.

따뜻한 말 한마디

마음이 흔들렸을지라도 그것을 버티고 여기까지 온 여러분이 자랑스럽습니다. 조금 느려도 괜찮아요. 여러분의 속도가 바로 가장 아름다운 성장의 속도니까요. 오늘도 정말 애썼고 잘하고 있어요!

내면과 진심으로 화해하는 F.U.R 법칙

내면과 화해하는 이유는 상처로 굳어 있던 감정을 풀고, 자기비난을 멈추며, 나를 믿는 힘을 회복하기 위해서죠. 과거의 나를 위로하는 순간 말의 떨림이 줄고, 목소리는 단단해지며 삶의 방향도 다시 서기 시작합니다.

① F — Feel 상처의 감정을 다시 느껴 주세요

내면의 상처는 인정받지 못한 감정에서 멈춰 있습니다. "그때 정말 힘들었지?"라고 말하며 그때의 외로움, 두려움, 부끄러움을 함께 느껴 주는 순간 얼어붙은 마음의 문이 조금씩 열리기 시작합니다. 이때 판단하지 말고 공감으로 시작하세요.

2　U — Understand
그 마음을 깊이 이해해 주세요

"그건 네 잘못이 아니었어."

이 문장은 잘못을 덮어 주는 말이 아니라 오해 받았던 나를 해방시키는 말입니다. 왜 아팠는지, 무엇이 무너졌는지를 이해받는 순간 내면은 안도감을 느끼고, 긴 자기비난의 고리를 끊기 시작합니다.

3　R — Rebuild
새로운 신뢰를 다시 세워 주세요

"이제부터는 내가 너를 지킬게."

과거를 위로하는 데서 멈추지 않고, 나를 위한 새로운 약속을 맺는 단계입니다. 나를 버려 두지 않겠다는 의지, 나를 지지하겠다는 선언은 앞으로의 말과 태도, 선택을 바꾸는 힘이 됩니다.

F.U.R 법칙으로
내면과 진심으로 화해하기

먼저 마음이 흔들렸던 순간을 떠올리며 그 감정을 인정합니다. 그 다음 왜 아팠는지 이유를 적고 '네 잘못이 아니야'라고 이해를 건넵니다. 마지막으로 앞으로 나를 지켜 줄 한 가지 행동을 정하며 '이제 내가 널 챙길게'라고 약속합니다.

Ex. 발표를 못했다고 그날 네가 스스로 얼마나 자책하고 비난했는지 기억나! 그렇게 힘들고 속상했던 건 너에게 그만큼 잘하고 싶은 마음이 있었기 때문이야. 그건 네 잘못이 아니라 애쓰고 노력해 온 마음의 흔적이야. 이제 나는 너를 비난하거나 몰아세우지 않을게. 대신 응원하고 격려하면서 진짜 네 편이 되어 줄게. 넌 충분히 잘하고 있어 앞으로는 내가 너를 지켜 줄게!

06

말은 시선의
회복이다

"사람들과 대화하는 게 어렵고, 회사 가는 발걸음이 매일 무거
워요."

30대 사회초년생인 그녀는 사람들과 대화하는 게 너무 어렵고,
회사에 가는 발걸음이 매일 무겁다고 했습니다. 겉으로 보기엔 조용
하고 성실한 직장인이었지만, 마음속에는 아무에게도 말하지 못한
비밀이 있었습니다.

뭉뚝한 손톱, 다른 사람과는 조금 다른 모양을 갖고 있었죠. 그것
은 선천적인 특징이었지만, 그녀는 그것을 부끄러워하며 감추기 시
작했습니다. 그 작은 비밀이 마음속 그림자가 되었고, 숨기는 일이
습관이 되었습니다. 하나의 비밀은 또 다른 비밀을 불러왔고, 결국

그녀는 자신을 드러내는 모든 말을 피하게 되었죠. 그래서 사람들에게 질문하기보다 스스로 판단하고, 대화를 나누기보다 속으로 평가하면서 점점 말의 문이 닫혔습니다.

'왜 저래? 왜 저렇게 일을 안해?'

이해보다 오해가 앞서고, 마음도 얼어붙게 됐죠. 저는 그 마음의 방 안에 신선한 공기가 드나들 수 있도록 매주 다양한 미션을 내어 드렸습니다. 먼저 매일 자신에게 말을 거는 셀프 영상 대화를 나누는 미션을 이어 갔습니다. 하루에 단 1분이라도 카메라를 켜고, 자신에게 말을 거는 연습이었습니다.

"오늘 하루 어땠어? 지금 기분은 어때?"

낯설고 어색했지만, 그 연습을 통해 그녀는 처음으로 자신의 내면을 정면으로 바라보며 대화를 하기 시작했습니다. 또 일상의 감각을 회복하기 위해 하루의 인상 깊었던 장면을 오감으로 표현해 보는 미션도 내어드렸죠. 보는 것, 듣는 것, 냄새, 촉감, 맛까지 매 순간을 느끼고 말로 표현해 보는 연습이었습니다.

그녀는 산책을 하며 풍경을 천천히 바라보고, 공원의 새소리에 귀 기울이고, 음식의 향과 맛을 음미하고, 지나치는 사람들의 표정을 관찰하고, 대화에 집중하며 세상을 있는 그대로 보기 시작했습니다.

"선생님, 예전엔 제가 보고 싶은 것만 봤어요. 그런데 요즘은 바람 소리, 새소리, 사람들의 말소리까지 다 들려요. 정말 새로운 경험이에요. 그동안 제 곁에 이렇게 아름다운 것들이 있었는데 내 안의 소음이 크니 저는 전혀 모르고 살았네요.”

또한 그녀는 서서히 진짜 자신의 욕구를 들여다보기 시작했습니다.

‘내가 정말 원하는 건 뭘까?’

그 질문 끝에 떠오른 것은 부모님과 함께 여행을 가고 싶다는 소망이었다고 합니다. 그때 그녀는 망설이지 않고 비행기 표를 예약했고, 직접 일정을 짜고, 스위스의 자연을 온몸으로 느끼며 부모님과 잊지 못할 추억을 쌓았습니다. 여행 중 아버지께서 이런 말씀을 하셨대요.

“오늘 본 이 풍경을 본 기억으로 앞으로 행복하게 살 수 있을 것 같아!”

그녀는 그때 깨달았습니다.

‘내가 진짜 원하는 걸 알고 실행할 때 비로소 관계도, 삶도 회복되는구나.’

회사에서도 관계에 대한 새로운 통찰을 얻었다고 했습니다. ‘모든 사람과 친해야 한다’는 압박이 자신을 힘들게 했다는 것을요. 교실에 모든 친구와 다 친할 수 없듯, 회사도 마찬가지라는 것을 인정했습니다. 이제는 애써 모두 친하게 지내려 하는 것보다 따뜻한 관심과 진심 어린 말 한마디면 충분하다는 것을 인정하니 마음이 한결 편안해졌다고 합니다. 세상을 있는 그대로 바라보기 시작하자, 말도 자연스럽게 흘러나왔습니다.

"전에는 말이 틀릴까 봐 무서웠는데, 이젠 그냥 내가 보고 듣고 느낀 걸 말하면 된다는 걸 알았어요."

그녀의 시선은 이제 자기 자신에서 세상으로 그리고 다시 사람들로 확장되었습니다. 회사에서 묵묵히 청소하는 여사님의 미소를 보며 감동했고, 그분의 성실함 속에서 자신을 돌아보게 되었다고 합니다.

"저는 늘 바쁘다는 이유로 불평했는데, 그분은 자기 일을 진심으로 사랑하시더라고요. 그 모습을 보며 부끄럽고 감사했어요."

시간이 지나 스승의 날 그녀에게서 한 통의 편지가 도착했습니다.

고등학교 졸업 후 오랜만에 선생님에게 편지를 쓰는 거 같아요! 일 년이 넘는 긴 시간 동안 저를 지도해 주셔서 진심으로 감사드립니다. 선생님의 열정적인 가르침 덕분에 많이 성장할 수 있었어요.

처음에는 사람들과 대화하는 것이 너무나 두렵고 어색했지만, 선생님의 따뜻한 격려와 세심한 조언 덕분에 점점 나아지고 있어요. 스피치 기술부터 소통을 위한 마음가짐까지 꼼꼼하게 지도해 주신 덕분에 이제 다른 사람에게 제 의견을 조금이나마 솔직하게 말하게 되었어요. 일 년이라는 시간 동안 단순히 말하기 기술만이 아닌 자신감과 성장의 기회를 주셔서 정말 감사합니다. 앞으로도 계속 성장하는 제자가 되도록 하겠습니다.

마음을 표현하기 어려웠던 그녀가 마음의 문을 활짝 열고 표현해 줘서 기뻤습니다. 세상을 향한 자신의 눈빛이 달라졌기 때문에 변화될 수 있었던 것입니다. 또한 말은 시선의 회복에서 시작된다는 것을 새삼 깨닫게 된 거죠. 자신을 부끄러워하던 눈이 점차 따뜻해졌고, 타인을 평가하던 시선이 이해와 존중으로 바뀌었습니다.

그 변화의 출발점은 자기 자신을 있는 그대로 바라본 용기였습니다. 그녀는 숨기던 손톱을 더 이상 감추지 않았고, 그 마음의 문틈으로 바람이 드나들기 시작했습니다. 자신을 있는 그대로 받아들이니 말도 어느새 단단하면서도 부드러워졌습니다. 삶을 향한 태도, 사람을 대하는 말투, 세상을 바라보는 시선이 모두 달라졌죠. 저는 그 변화를 지켜보며 '말은 마음이 흘러가는 방향이구나!'라는 것을 느꼈습니다. 자신을 비난하는 마음은 말을 닫게 하지만, 자신을 이해하고 사랑하는 마음은 말을 열게 합니다.

매일 연습해야 할 것은 나를 믿는 시선과 세상을 따뜻하게 바라보는 시선입니다.
그 시선이 깨어나는 순간 말은 자연스럽게 아름다워지고 향기가 날 거예요.

따뜻한 시선을 회복하는 O.R.A 법칙

❶ O — Observe
세상을 있는 그대로 관찰해 보세요

말은 결국 보는 만큼 나옵니다. 하루에 단 1분이라도 주변을 의식적으로 관찰해 보세요.

'오늘 내 눈을 멈추게 한 장면은 무엇이었지?'

색, 소리, 온도, 표정, 움직임 등을 오감으로 기록해 보면 내면의 소음이 줄고 세상을 온전히 볼 수 있게 됩니다. 이때 마음이 열리고, 마음이 열리면 말도 열립니다.

❷ R — Reflect
내 감정과 욕구를 바라보세요

말문이 막히는 이유의 대부분은 내 감정이 안 들려서입니다. 하루 한 번 자신에게 질문해 보세요.

'지금 나는 어떤 감정이지? 왜 이런 마음이 들었지? 그 안에 어떤 욕구가 있었지?'

감정을 인정하는 순간 자책이 줄고, 나를 바라보는 시선이 부드러워집니다. 부드러운 시선은 말의 긴장을 풀어 주는 가장 강력한 힘입니다.

3. A — Approach
사람을 판단이 아닌 호기심으로 바라보세요

말은 타인을 향한 시선에서 완성됩니다. '저 사람은 왜 저럴까?' 대신 '저 사람이 저렇게 행동하는 데는 어떤 이유가 있을까?' 이렇게 질문을 바꾸면 마음이 열리고, 말의 결도 따뜻해집니다. 호기심은 오해를 이해로 바꾸고, 이해는 관계를 다시 흐르게 만듭니다.

오늘의 한 장면
30초 말하기

오늘 하루 나를 멈추게 한 장면을 떠올리세요. 예를 들면 출근길 햇살, 카페 창가의 사람, 길가의 꽃, 아이의 표정 등이 있겠죠. 그 장면을 오감(시각, 청각, 후각, 촉각, 미각)으로 표현해 보세요. 이어서 이 장면이 내게 어떤 감정을 주었고, 그 감정 속에서 내가 깨달은 욕구는 무엇인지를 말해 보세요.

Ex. 오늘 내가 본 장면은 아빠와 딸이 함께 눈사람을 만드는 모습이었어요. 아빠는 허리 숙여 둥근 눈을 굴리고 있었고, 아이는 손뼉을 치며 미소 짓고 있었죠. 눈 위에는 햇빛이 반짝이고 있었습니다. 그걸 보는 순간 제 어릴 때 모습이 떠오르며 마음이 뭉클했어요.
'어릴 때 이런 모습을 그리워했었는데, 아빠가 바빠서 눈사람도 같이 만들지 못했었지!'
저는 어릴 때 사랑받고 싶었고 혼자 놀면서 외로움과 속상함을 많이 느꼈다는 것을 깨달았어요. 그래서 어릴 때 상상했던 그 장면이 눈 앞에 펼쳐지니 위로받는 느낌이었어요.

07

예쁜 말이 만든
변화의 물결

"넌 왜 이것밖에 못해? 아직 멀었어. 더 잘해야 해."

그분은 50대 중반의 여성 리더였습니다. 평생 책임감과 성실함으로 조직을 이끌어왔지만, 그 완벽함이 어느 순간 스스로를 옥죄는 굴레가 되어 버렸습니다. 자기 자신에게 가혹했던 언어는 어느새 타인을 향한 기준과 지적으로 바뀌어 있었습니다.

"이건 기본 아니야? 상식 아니야? 왜 이렇게 열심히 안 해?"

그녀의 말은 늘 정확하고 단단했지만, 마음의 온기는 느껴지지 않았습니다. 그래서 예쁜 말을 매일 낭독하도록 권유했죠.

"자신을 평가하지 마시고, 매일 따스한 말을 들려주세요. '넌 잘하고 있어. 오늘도 애썼어. 있는 그대로 소중한 사람이야.'"

처음에는 어색해하셨지만, 그 말이 씨앗이 되어 자라기 시작했습니다.

'그동안 나에게 너무 엄격하고 가혹했구나. 사람마다 다른 기준을 생각하지 않고 내 자신의 기준으로 평가하고 있었구나!'

자신이 예쁜 말로 마음이 변화되는 것을 느끼자 직원들을 보는 시선도 달라지기 시작했습니다.

그러던 어느 날, 한 직원이 출근 시간에 늦었대요. 예전처럼 바로 "왜 늦었어? 또 지각이야?" 라고 언성을 높이는 대신 그분은 전혀 다른 말을 꺼냈습니다. '어떻게 하면 예쁘게 말할 수 있을까? 나의 진심이 전해질까?'를 생각하면서 이렇게 말씀하셨대요.

"무슨 일 있었어? 오느라 애썼어. 그런데 네가 오니까 분위기가 환해졌네."

그 한마디에 직원의 표정이 순간 굳더니 곧 미안한 미소로 바뀌었고, 그 직원은 더 이상 지각하지 않았다고 합니다.

'예쁜 말은 지적보다 더 큰 변화를 만드는구나.'

그녀는 말 한마디로 누군가의 마음을 닫게 할 수도, 열게 할 수도 있다는 것을 깨닫고 이제 직원들에게도, 가족에게도, 예쁜 말을 선물하듯 건네기 시작했습니다. 그녀의 언어는 점점 부드러워지고, 회사의 분위기도 따뜻해졌습니다.

"예쁜 말이 사람을 바꾸는 것을 직접 경험했어요. 그래서 앞으로는 그 말의 힘을 더 많은 사람에게 전하고 싶어요.”

그녀의 메시지에도 늘 예쁜 말로 가득했습니다.

“생신 축하드립니다. 오늘은 하늘이 눈부시게 빛나는 날이에요. 전생에 천사였을 것 같아요. 마음도 웃고, 얼굴에도 미소가 가득한 분. 반짝반짝 빛으로 어둠을 밝혀 주셔서 감사합니다. 지치지 않는 열정, 새해에도 함께하시길 소망합니다.”

“선생님 덕분에 마음 치유하는 법도 배우고 있어요. 부드럽고 매끈한 오일처럼 선생님의 모든 일에 웃음과 미소가 번지길 바라요.”

“제 마음의 상처를 치유할 수 있는 씨앗을 선물해 주셨어요. 건강한 모습으로 싹을 잘 키워 어느 누구보다 제 마음을 더 사랑하고 선생님처럼 세상의 등불이 되고 싶어요.”

“덕분에 힘든 시간을 잘 이겨 내면 두 배, 세 배 성장할 거라는 믿음이 생겼어요. 함께할 수 있어서 행복합니다. 등대가 되어 주셔서 든든하고 고맙습니다.”

이전엔 완벽을 좇던 사람이, 따뜻함으로 사람을 성장시키는 리더가 되었습니다. 말의 힘을 다시 한번 깨닫게 되었죠. 저도 그녀에게 받은 따뜻한 메시지를 저장해 놓고 보면서 큰 힘을 얻곤 합니다.

‘왜 못했어?’에서 ‘그래도 애썼어’로, ‘이건 기본 아니야?’에서 ‘괜찮아, 다음엔 더 잘할 거야’로 말이 바뀌자 그녀의 내면은 단단해지고, 관계는 따뜻해졌습니다. 내가 내면에 던지는 말의 온도가 결국 타인에게 흘러가 세상의 공기를 바꿉니다. 예쁜 말은 꾸며낸 말이 아니라 '너를 있는 그대로 소중히 여긴다'는 진심의 표현입니다. 그녀가 직원에게 건넨 '오느라 애썼어'라는 한마디처럼, 한 사람의 마음을 바꾸는 것은 따뜻한 말 한마디입니다. 그 한 문장이 누군가의 하루를 살리고, 관계를 회복시키며, 결국 나 자신까지 치유하게 되죠.

말은 마음을 담는 그릇입니다. 그릇에 따뜻함을 담을수록 우리의 말은 누군가에게 빛이 되고, 삶은 자연스레 부드러워집니다. 오늘 여러분의 마음에 어떤 말을 담았나요?

오늘도 마음을 따뜻하게 담아낸 말 한마디가 누군가에게 따뜻함을 선물했을 거예요. 여러분의 진심은 충분히 아름답고, 그 마음이 세상을 따뜻하고 부드럽게 바꾸고 있어요.

예쁜 말을 위한 N.W.S 법칙

① N — Notice
내 말의 패턴을 알아차리는 것부터 시작해 보세요

내가 어떤 말투로 나와 타인을 대하는지 알아차리는 순간 말의 뿌리가 보입니다. 비난이 자동 반응이었는지, 비교가 습관이었는지 보이기 시작하죠. 내 말의 온도를 스스로 감지하는 능력이 곧 성장의 출발점입니다.

② W — Warm
말의 온도를 높여서 선물해 주세요

따뜻한 말은 거창하지 않습니다. 단 1초만 멈춰 숨을 고르고, 상대의 마음을 먼저 떠올리면 됩니다. 그리고 상대를 이해하는 언어로 온기를 담아 말하면 사람의 마음을 여는 열쇠가 됩니다.

S — See
사람을 다시 바라보세요

예쁜 말은 따뜻한 시선에서 시작됩니다. 상대의 자리, 감정, 상황을 있는 그대로 바라보면 평가가 아닌 이해로, 지적이 아닌 공감으로 바뀌게 되죠. 사람을 다시 바라보는 순간 말은 저절로 부드러워지고 관계는 다시 연결됩니다.

N.W.S 법칙으로
예쁜 말 연습하기

오늘 하루 누군가에게 하려던 말 중 평가나 판단했던 말 한마디를 발견하세요. 그리고 그 문장을 예쁜 말 한 마디로 전환해서 말해 보세요.

Ex. **- 왜 이것도 제대로 못해?**

⇨ 혹시 어려운 부분이 있었어? 괜찮아. 같이 해 보면 금방 해결될 거야. 네가 얼마나 노력하는지 나도 알고 있어.

- 왜 이렇게 느려?

⇨ 혹시 시간이 더 필요하면 말해 줘. 내가 도와줄 수 있는 부분도 함께 이야기해 보자. 너는 항상 책임감 있게 하려는 거 알고 있어. 이번에도 잘해 낼 거라 믿어.

08

사람 사이를
밝히는 빛

"늦었지만, 말을 배우고 싶어요."

그녀는 50대에 처음으로 말을 배우고 싶다고 말했습니다. 낯가림이 심한 성격 정도라 생각했지만, 그 속에는 깊은 사연이 있었습니다. 그녀는 어릴 적부터 어머니의 지적과 평가, 충고 속에서 자라났습니다.

"너는 왜 그것밖에 못하니? 엄마 말 들었어야지."

그 말 속에서 그녀는 점점 자신의 마음을 닫았습니다.

'말을 해도 통하지 않아! 내 마음을 알아주는 사람은 아무도 없어.'

그 믿음은 곧 '말해 봤자 소용 없다'는 신념이 되었고, 결국 입을 닫은 채 50년이 흘렀습니다. 그녀는 세상과 연결되고 싶었지만, 그 연결의 문이 너무 오랫동안 닫혀 있었던 거죠. 그녀는 용기 내어 스피치 챌린지에 참여했습니다.

"연습한다고 정말 변할까요?"

확신은 없었지만 간절함이 있었습니다.

"매일 마음의 영양제를 먹듯이 예쁜 말을 나 자신에게 채워 넣으면 조금씩 변화되기 시작합니다."

그녀는 매일 미션을 성실히 실천하면서 자신의 마음을 돌아보고, 관계를 돌아보고, 말을 돌아보는 연습을 꾸준히 이어 갔습니다. 스피치 챌린지에는 하나의 룰이 있습니다. 함께 챌린지를 하는 한 사람을 구체적으로 칭찬하는 것입니다.

"칭찬은 가장 고급스러운 언어예요. 그런데 어렵죠. 타인의 장점을 발견하고 낯선 언어로 바꿔서 표현해 보는 게 중요해요."

타인을 향한 따뜻한 시선이 회복되는 것이 중요했기에 이 규칙은 계속 이어지고 있습니다. 그녀는 처음엔 어려워했습니다. 하지만 조금씩 "어제보다 목소리가 한결 부드러워지셨어요. 목소리에 잔잔한 물결이 흐르는 것 같아요! 솔직한 이야기 덕분에 저도 용기를 얻었어요" 같은 따뜻한 말들이 오가기 시작하며 그녀의 마음이 회복되기 시작했습니다.

그녀는 어느 날 조용히 고백했습니다.

"선생님, 저는 제 아들에게 제대로 칭찬을 해 준 적이 없었어요.

항상 '이거 해라, 저거 해라' 지적을 많이 했죠. 어릴 적 엄마가 그랬던 것이 너무 싫었는데, 그 모습을 보고 저도 그러지 않았나 후회되더라고요."

그녀는 마음 깊이 부끄러워하며 아들에게 진심으로 편지를 썼다고 합니다.

"아들아, 엄마가 어린 시절 너한테 이래라 저래라 했던 게 너무 미안했어. 네 의견을 존중하지 않고 내 마음대로 하려 했던 게 후회돼. 너를 힘들게 해서 정말 미안해."

며칠 후 아들로부터 답장이 왔대요.

"그런 말씀 안 하셔도 돼요. 엄마는 좋은 엄마였어요."

그 한 문장에 그녀는 오랜 세월 쌓인 죄책감이 녹아내렸고, 그날 이후 모자의 깊은 대화가 시작되었다고 합니다. 닫혀 있던 마음의 문이 서서히 열리고, 그녀의 말은 점점 따뜻해지게 됐죠.

이제 그녀는 누군가의 이야기를 들을 때 '왜 저래?' 대신 '무슨 마음이었을까?'를 떠올린다고 합니다. 대화는 편견과 판단을 내려놓고 온전히 상대의 세계를 그려 가며 질문하는 것임을 깨달았다고 합니다. 한번은 친구가 이런 말을 했대요.

"내 마음을 알아주는 건 너밖에 없구나! 너랑 이야기하니까 정말 편하다! 잘 들어줘서 고마워. 좋은 질문을 해 줘서 생각해 보지 못한 부분까지 생각하게 됐어!"

그녀는 이제 말로 자신처럼 소통이 어려운 사람들을 돕고 싶다는 꿈을 갖게 되었습니다.

"선생님, 저처럼 가족간의 소통으로 힘들어하는 분들에게 도움을 주고 싶어요."

말이라는 도구를 통해 자신의 아픔을 승화시키고 누군가의 상처를 어루만지는 것, 그것이 진정한 말의 힘입니다. 말은 상대의 상처를 치유할 뿐 아니라 말하는 나를 성장시키는 거울이 됩니다. 그래서 이제 그녀는 '어떻게 잘 말할까?'보다 '어떻게 마음을 전할까?'를 먼저 떠올립니다. 그 순간 말은 관계의 예술이 됩니다. 따뜻한 말은 천천히, 깊게 사람과 사람 사이를 밝히는 빛이 되어 흘러갑니다.

따뜻한 말 한마디

"그랬구나, 많이 힘들었겠다. 네가 있어서 고마워."
이 말 한마디가 누군가의 마음을 다시 밝힐 거예요.

관계를 회복하는 H.E.A 법칙

① H — Hear
판단보다 마음을 들어주세요

"왜 그랬어?"가 아니라 "그때 많이 힘들었지? 어떤 마음이었어?" 이 한마디가 상대를 방어하게 만들지 않고, 마음을 열게 합니다. 듣는다는 것은 '맞다, 틀리다'를 판단하는 것이 아니라 그 사람의 세계를 잠시 빌려 보는 것입니다.

② E — Empathize
이해하고 공감해 주는 말을 전하세요

"네 잘못이 아니야. 그럴 수 있어."

공감은 상대의 감정을 가볍게 만들고, 오랫동안 가슴에 걸려 있던 매듭을 풀어 줍니다. 공감은 문제 해결보다 더 큰 힘을 가지고 있습니다. 내 마음을 알아주는 사람이 있다는 경험은 관계 회복의 가장 큰 원동력입니다.

"네가 있어서 너무 고맙고 든든해."

누군가의 존재를 인정해 주는 말 한마디는 닫혀 있던 관계를 다시 잇는 다리가 됩니다. 상대의 존재를 소중히 여기는 말은 미안함을 용서로 바꾸고, 관계를 회복시키고 서로를 다시 가깝게 연결해 줍니다.

관계를 회복하는 H.E.A 대화 실천하기

먼저 판단 없이 마음을 들어주세요. 다음으로 이해하고 공감하는 말을 한 뒤 상대방의 존재를 인정하고 알아주는 따뜻한 말 한마디를 전해 보세요. 이 대화가 관계의 결을 부드럽게 바꿔 줄 거예요.

Ex. 아침에 일어나 일곱 살 딸이 "밥 먹기 싫어! 마음에 드는 옷이 없어!"하고 짜증을 낼 때 화내지 않고 "오늘 아침 많이 피곤하고 힘들구나! 힘들면 짜증나고 그럴 수 있어. 엄마가 어떻게 해 줬으면 좋겠어?"라고 공감하고 이해하는 말을 해 주었습니다. 그리고 "우리 딸은 세상에 하나뿐인 보물이야. 엄마는 우리 딸을 사랑해"라고 따뜻한 말 한마디를 전해 주었더니 딸의 얼굴에 먹구름이 걷히고 환한 햇살 같은 미소가 번졌습니다.

09

산소 같은 말
산소 같은 사람

스피치 강사로 살아오며 참 많은 사람들을 만났습니다. 그중 잊을 수 없는 제자가 있습니다. 그녀는 20대의 시각장애인이었는데, 늘 자신을 탓하며 이렇게 말하곤 했죠.

"다 제 잘못이에요. 제가 부족해서 그래요."

누군가의 한마디에도 쉽게 흔들리고, 스스로를 미워하며 살아가는 모습이 참 안쓰러웠습니다. 그녀는 어린 시절 부모 없이 자랐습니다. 그 결핍으로 '나는 버림받은 사람! 태어나지 말았어야 할 사람'이라는 왜곡된 신념으로 변했습니다.

'나는 쓸모없는 사람이야. 왜 살아야 할까?'

그녀는 자신을 향한 원망과 부정적인 말들 속에서 살아왔습니다.

그 말들은 마음속 깊이 뿌리내려 결국 스스로를 믿지 못하게 만들었고, 세상과의 대화마저 막아 버렸습니다. 저는 그녀에게 이렇게 말해주었습니다.

"그건 네 잘못이 아니야. 넌 이미 잘 버텨 왔어. 너 자체로 충분히 빛나는 사람이란 것을 믿었으면 해. 무엇을 잘해서 네가 가치가 있는 게 아니라 너는 존재만으로 가치 있고, 있는 그대로 소중한 사람이란 것을. 네가 이렇게 살아가고 있는 게 많은 사람들에게 얼마나 힘이 되는데."

어느 날 그녀가 제게 말했습니다.

"선생님은 산소 같아요. 덕분에 숨 쉴 수 있거든요."

그때 저는 그녀로부터 '산소쌤'이라는 별명을 얻었습니다. 그 이후 그녀의 언어가 조금씩 달라지기 시작했습니다.

"괜찮아요, 오늘은 조금 나아졌어요. 덕분에 숨 쉬고, 삶의 끈을 놓지 않고 살아가고 있어요."

"세상에 선생님께서 태어나 저를 만난 것이 참으로 감사합니다. 우리는 모를 그분의 계획하심이 우리를 만나게 했으리라 믿습니다. 항상 따스한 말과 목소리로 지쳐 쓰러져 가는 나를 안고 다독여 주심에 늘 감사한 마음입니다. 언제나 선생님께 웃음을 드릴 수 있는, 힘이 되는 그런 사람이고 싶습니다. 사랑하는 선생님, 생일을 진심으로 축하합니다."

그녀의 말에 마음이 뜨거워졌습니다.

'말은 공기처럼 눈에 보이지 않지만, 그 힘은 산소만큼 강력하구나! 나도 많은 사람들에게 산소 같은 언어를 전해야겠다!'

차가운 말은 사람의 마음을 얼리고, 따뜻한 말은 얼어붙은 마음을 녹입니다. 우리가 매일 무심코 던지는 말 한마디가 누군가에겐 생명선이 될 수도, 상처가 될 수도 있습니다. 말 한마디에 마음이 정원이 될 수도 있고, 폐허가 될 수도 있습니다. 결국 우리가 어떤 말을 심느냐에 따라 마음의 풍경이 달라집니다.

말은 서로의 마음을 살피고, 숨을 불어넣고, 다시 일으켜 세우는 일입니다. 저는 앞으로도 '산소쌤'이라는 별명에 걸맞게 누군가의 마음에 숨결을 전하는 사람이 되고 싶습니다. 그리고 제 수업을 듣는 모든 분들이 누군가에게 산소가 되었으면 합니다. 여러분의 말 한마디가 누군가의 내일을 살리고, 어두운 시간을 밝히고, 차가운 마음을 데울 수 있습니다.

따뜻한 말 한마디

서로에게 산소가 되는 말을 건넬 때, 세상은 조금 더 따뜻해지고 조금 더 아름다워지겠죠? 저는 오늘도 믿습니다. 말은 사람을 살리고 세상을 바꿀 수 있다고!

누군가를 다시 살게 하는 V.R.R 법칙

1 V — Value
존재의 가치를 먼저 비춰 주세요

"넌 있는 그대로 소중한 사람이야. 너라서 참 고마워."

가치를 비춰 주는 말은 누군가의 마음에 숨을 불어넣는 첫 시작입니다. 사람은 인정받을 때 비로소 마음의 문을 엽니다. 잘해서가 아니라 존재 자체로 귀한 사람임을 들려줄 때, 상대는 숨을 고르고 마음을 놓습니다.

2 R — Reframe
관점을 부드럽게 전환시켜 주세요

"그때 너 혼자 버텼던 거, 정말 대단한 거야."

"그건 네 잘못이 아니라 네가 최선을 다한 시간이었어."

리프레임(Reframe)은 스스로를 향한 부정적 해석을 새로운 관점으로 조용히 바꿔 주는 마음의 재해석입니다. 사람은 자신을 바라보는 시선이 바뀌는 순간 감정이 풀리고, 행동이 달라집니다.

R — Restore
마음을 다시 잇고 관계를 회복시키는 말을 전하세요

"우리 다시 연결되고 싶어. 천천히 이야기해 볼까?"

관계는 결국 말로 무너지고 말로 다시 이어집니다. 서두르지 않고 상대의 속도에 맞춰 '나는 너와의 관계를 포기하지 않겠다'는 메시지를 전하는 한마디가 상처를 완화시키고 관계를 회복시키는 따뜻한 다리가 됩니다.

V.R.R 법칙으로
사람을 살리는 말하기

한 사람을 떠올리고, 세 가지 문장을 완성해 말로 기록하세요.

- -

Ex. - 너는 있는 그대로 참 소중한 사람이야.

- 그때 너는 부족했던 게 아니라 혼자서도 잘 버텼던 거야.

- 나는 너와 다시 잘 지내고 싶어. 천천히 이야기해 볼까?

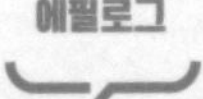

따뜻한 경청과 진심을 담은 말 한마디

이 이야기를 세상에 꺼내놓기까지 꽤 오랜 시간이 걸렸습니다. 왜냐하면 저 역시 원래 말이 서툰 사람이었거든요. 사람들 앞에 서면 심장이 쿵쾅거리고, 머릿속은 하얘지고, 입을 여는 것조차 두려웠던 시절이 있었습니다.

그랬던 제가 지금은 수많은 사람들 앞에서 말로 마음을 전하고, 위로와 용기를 주는 스피치 강사가 되었습니다. 19년 차 스피치 강사로서 많은 사람들을 만나며 깨달았습니다.

'말을 잘한다는 건 멋지고 완벽한 문장을 술술 유창하게 말하는 능력이 아니라 내 마음을 들여다보고, 내 목소리를 믿는 일이구나!'

상처 많고 서툰 나를 있는 그대로 받아들이며 '실수해도 괜찮아. 실수는 배우고 성장하는 과정이니까. 지금 연습하고 있으니 분명 점점 더 나아질 거야'라며 스스로를 다독이는 순간 말은 비로소 진심의 온기를 지니게 되었습니다.

이 책에는 제가 말이 두려웠던 사람에서 말로 사람을 응원하는 사람이 되기까지의 여정을 담았습니다. 실패했던 말들, 얼어붙었던 순간들, 그 모든 과정을 돌아보며 고통도 시간이 흐르면 누군가를 살리는 추억이 된다는 것을 깨달았습니다. 그 기억들이 지금 말이 두려운 누군가에게 따뜻한 용기가 되기를 바라는 마음으로 이 책을 썼습니다.

우리는 종종 완벽하게 말해야 한다는 압박감에 스스로를 숨깁니다. 하지만 제가 만난 진짜 말 잘하는 사람은 따뜻한 경청과 진심을 담은 한마디로 사람의 마음을 움직이는 이들이었습니다. 그러니 '말을 잘해야 한다'는 부담에서 잠시 벗어나 나에게 이렇게 말해 주세요.

"머뭇거려도 괜찮고, 실수해도 괜찮아. 중요한 건 그 말 안에 담긴 내 진심이니까."

그 진심은 결국 누군가의 마음을 두드리고, 또 다른 생명의 온기를 불어넣어 줍니다.

이 책이 지금 말이 어렵고 두려운 누군가에게 작은 빛이 될 수 있길 바랍니다. 그리고 언젠가 여러분의 말이 누군가의 하루를 위로하고, 그날의 마음을 포근히 안아 주었으면 좋겠습니다.

우리가 말을 배우는 이유는 무엇일까요? 누구를 이기기 위해서, 누군가에게 인정받기 위해서가 아니라 세상과 연결되기 위해서, 서로의 마음에 따뜻하게 닿기 위해서입니다.

지금 이 순간에도 말의 꽃을 피우기 위해 용기 내고 있을 여러분을 진심으로 응원합니다.

여러분의 말이 언젠가 누군가의 마음을 살리고, 웃게 하고, 그날의 공기를 따뜻하게 바꿔 주기를 바라며…

2025년 12월

스피치 라엘 최윤정

스피치 라엘의
성장과 꿈을 만드는 공감의 언어

진짜 말 잘하고 싶었어

펴낸날　　**초판 1쇄** 2025년 12월 24일

지은이　　최윤정(스피치 라엘)

펴낸이　　강진수
편 집　　김은숙, 김우연
디자인　　Stellalala_d

인 쇄　　(주)사피엔스컬쳐

펴낸곳　　(주)북스고　**출판등록**　제2024-000055호 2024년 7월 17일
주 소　　서울시 서대문구 서소문로 27, 2층 214호
전 화　　(02) 6403-0042　**팩 스**　(02) 6499-1053

ⓒ 최윤정, 2025

ISBN　　　979-11-6760-119-3　　03190

책 출간을 원하시는 분은 이메일 booksgo@naver.com로 간단한 개요와 취지, 연락처 등을 보내주세요.
Booksgo 는 건강하고 행복한 삶을 위한 가치 있는 콘텐츠를 만듭니다.